4차 산업혁명기술 시대의 스마트군수

Smart Logistics

문성암 · 이정환 · 최경환 · 최진우 공저

한 경 사

스마트 군수

저　자	문성암 • 이정환 • 최경환 • 최진우
발행일	2022년 5월 10일 1쇄
발행처	**한경사**
발행인	이계남
등록사항	제10-1951호 2000년 4월 14일
주　소	서울시 마포구 신수로 59-1 3층
전화번호	02_717_7264~5
팩스번호	02_717_7226
홈페이지	hankyungsa.co.kr
전자우편	hankyungsa@hanmail.net
ISBN	978-89-6844-415-9 (93320)
가　격	25,000원

차례

2부 스마트 기술 117

시작에 앞서
- 스마트 군수 비전 -

군수의 임무(mission)는 사용자(전투원)가 원할 때, 원하는 만큼을 공급하는 것이다. 시간적 격차와 수량적 격차는 오랫동안 군수에서 해결해야 할 과제이고, 미래에도 변하지 않을 것이다. 이들 격차들에 대한 대처를 위해 재고(inventory)를 보유한다. 그런데 시간적 격차와 수량적 격차는 때론 독립적이며, 때론 서로 영향을 미친다. 이는 복잡성을 초래하게 되고, 나아가 청구시기와 재고량을 결정하는 작업이 매우 어려워진다.

스마트(smart)하다는 것은 똑똑하다는 의미다. 수요(demand)의 시간과 양을 결정하는 과정이 똑똑하게 된다는 것이 스마트 군수에서 핵심이 된다. 컴퓨터 기술, 추정(inference) 능력의 향상에 의해 의사결정이 스마트해졌고, 이에 따라 전통적인 군수도 달라져야 한다.

전통적으로 군수 부문에서 다음과 같은 생각이 지배적이었다.

"전쟁은 언제 일어날 지 모른다."

"예측은 항상 틀리다."

"재고를 쌓아서 불확실성에 대처해야 한다."

이러한 고정관념이 4차산업혁명 기술의 발달과 함께 깨지기 시작했다. 빅데이터(Big-data) 기술, 인공지능(Artificial intelligence), 강화 학습(Reinforcement learning) 등으로 수요를 예측하는 능력이 향상되었다. 즉 전쟁이 언제 일어날지 알 수 있고, 그 정확도가 상당히 높아졌기 때문에 불확실성을 제거할 수 있어 재고를 줄일 수 있다.

이 책은 어떻게 이러한 변화가 발생하게 되었는지 알아보고, 향후 군의 물류 시스템이 어떻게 변할 것인지 살펴볼 것이다. 이 과정에서 무엇보다 중요한 것은 이해해야 한다는 점이다. 군수의 거의 모든 활동은 연계되어 있다. 하나가 달라지면 연쇄적으로 다른 것들이 변하게 된다. 그 변화는 처음 변수에 다시 영향을 미칠 수도 있다. 이러한 연쇄적인 반응과 결과를 미리 추론해보고 군수의 방향을 설정해야 한다.

스마트 군수에서의 모습을 보여주기 위해 〈과거의 군수와 스마트 군수의 차이〉와 같은 그림을 그렸다. 왼쪽 그림에서 오른쪽 그림으로 바뀔 것이다. 왼쪽 그림을 먼저 살펴보면 생산업체에서 만들어진 제품을 가지고 들어와서, 재고로 보관하고 있다가 청구가 발생하면 나눠주는 형태를 띤다. 그 과정에서 어떤 조직은 여러 제품들을 모으기도 하고, 어떤 조직은 대량의 물건을 뜯어서 나눠주는 기능을 하기도 한다. 각자 임무가 있고, 목표 재고를 가지고 있다. 전쟁 등의 불확실성에 대처하기 위해 비교적 많은 양을 재고로 보유한다.

스마트 군수의 모습은 오른쪽의 그림과 같다. 검은색 동그라미가 사령부를 의미하는 것은 아니다. 조직이 될 수도 있지만, 컴퓨터가 될

전통적 군수 / **스마트 군수**

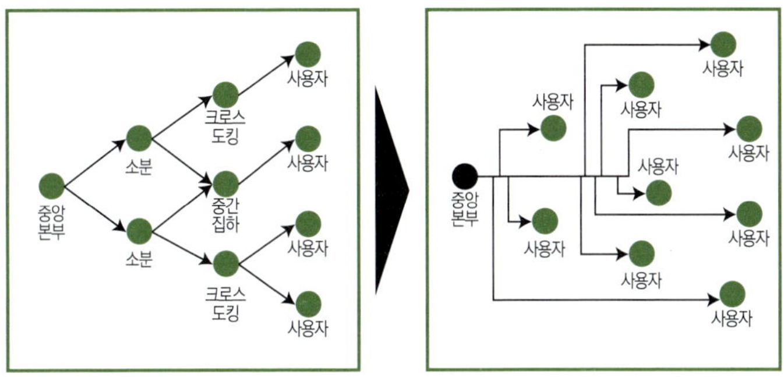

전통적 군수

- 순차적 다단계 시스템 (sequential multi echelons)
- 풀 시스템(pull system)
- 분산화(decentralization)
- 긴 리드타임(long lead-time)
- 부분풀링(partial pooling)
- 깨지기 쉬운 구조(fragile)

스마트 군수

- 직접적 시스템 (direct and echelon free)
- 푸시 시스템(push system)
- 집중화(centralization)
- 짧은 리드타임(short lead-time)
- 풀 풀링(full pooling)
- 강건한 구조(resilient)

과거의 군수와 스마트 군수의 차이

수도 있다. 이 검은색 동그라미는 각 사이트에서의 필요량과 필요 시기를 알고 있다. 비용이 가장 적게 드는 구매량과 구매시기를 결정하고, 적절한 시점에 적절한 양을 미리 나눠준다. 사용자 부대에서 청구할 필요가 없다.

스마트 군수가 적용된 미래의 모습을 그려보자.

어느 날 신병이 자대 배치를 받았다. 부대에 들어서니 하나의 상자가 자신에게 전달된다. 그 상자에는 자신의 이름과 번호가 적혀 있다. 상자를 열어보니 개인 용품들이 개별 비닐에 쌓여 있고, 그 비닐에도 자신의 이름과 번호가 적혀 있다. 전투복에는 명찰과 계급장까지 부착되어 있다. 전투화는 꼭 맞다. 심지어 체육복과 속옷에도 이름과 번호가 새겨져 있다.

김상사는 전차 정비를 담당하고 있다. A부품은 거의 고장이 발생되지 않는 품목이다. 그런데 오늘 보급창에서 A부품이 배송되었다. "설마?"하는 생각으로 며칠을 지냈는데, 신기하게도 A부품을 갈아야 하는 상황이 발생하였다.

스마트 군수 시스템이란, 모든 불확실성을 알고 미리 대처할 수 있는 시스템, 혹시 예측하지 못한 것이 있다고 하더라도 매우 신속하게 대처할 수 있는 시스템이다. 미리 예측해야 하는 대상에는 일상적인 군수품의 사용 시기와 사용량, 자연재해, 전쟁 등을 모두 포함해야 한다.

스마트하지 않은 상황을 여기서는 멍청한 군수라고 하겠다. 멍청한 군수에서는 몰라서 쌓아두고, 예측 값을 믿을 수 없어서 많은 재고로 불확실성에 대처한다.

그나마 다행인 점은 군수품 구매 예산이 상당히 제약적이란 것이다. 예산이 제약되기 때문에 덜 멍청해지는 것이다. 예산이 무한정이었으면 우리는 더 멍청한 군수를 자행하고 있을지도 모른다.

멍청한 군수에는 믿음이 없다. 믿을 수 없기 때문에 혹시 몰라 재고를 더 보유한다. 지금 우리의 군수는 어떤 군수인가?

이 책은 군수가 나아가야 할 방향을 제공한다. 과학적 이론들을 최대한 쉽게 풀이하고 사례를 중심으로 기술하여 이해를 돕는다. 실무적으로 적용 가능한 부분을 명확히 집어 군 관계자의 군수정책 기획시의 참고자료로도 활용 가능하다. 1부에서는 스마트한 군수가 되기 위해 무엇을, 어떻게, 왜 고쳐야 하는지 순차적으로 설명한다. 1부는 순서대로 읽기를 권장한다. 반면 2부는 최근에 부각되고 있는 스마트 기술들에 대해 병렬식으로 설명한다. 2부는 필요한 부분을 발췌하여 읽어도 무방하다.

감사의 글

이 책 한권을 만들기까지 많은 분들이 도와주셨습니다. 먼저 자료수집에 도움을 주신 분들입니다. 박정서 해군 소령, 노기택 육군 소령, 남광식 공군 소령, 이승범 공군 소령, 임정혁 육군 소령, 정유훈 육군 대위, 김치영 육군 대위, 권민석 해군 대위, 염성규 육군 대위, 김태주 공군 대위, 송주연 육군 대위 등입니다. 주로 문성암 교수 연구실에서 같이 연구하였거나 연구중인 분들입니다. 개인 연구를 하면서도 자원하여 도와주신 점에 대해 큰 고마움을 느낍니다. 하나의 기술이 군수에 어떠한 영향을 미칠 것인가에 대한 토의 내용들이 모여 스마트 군수라는 책을 등장시켰습니다. 감사합니다.

책은 그 시장이 있어야, 즉 많이 팔릴 것으로 예상되어야 출판할 수 있습니다. 군수라는 주제는 매우 딱딱하여 독자층이 두텁지 않습니다. 한경사의 이계남 사장님께서 손해를 감수하면서 출판 결정을 내려 주셔서 감사할 따름입니다. 편집실 직원분들에게는 특별히 감사의 뜻을 전합니다. 처음부터 끝까지 꼼꼼히 읽고 수정해 주셨습니다. 코로나 때문에 오프라인으로 한 번도 못 만났습니다. 출판되고, 코로나가 물러가면 식사 자리 한 번 만들도록 하겠습니다. 그동안 수고하셨습니다.

지금 이 시간에도 치열한 작전 현장에서 국가를 위해 헌신하고 계신 육, 해, 공, 해병대 장병 여러분께 감사하다는 말씀 전하고 싶습니다.

추천사

수요 충족, 물류 및 정보관리 등의 모든 로지스틱스 분야들은 제4차 산업혁명 환경에 적응하는 것이 필수적입니다. 특히 군수분야가 이에 적응되었을 경우 군수와 관련된 수요, 공급 환경의 시공간적 불확실성에 스마트하게 대응할 수 있고 더욱 강건한 회복탄력성을 갖춘 의사결정을 할 수 있게 될 것 입니다. 이 책은 군수분야의 변화와 대응의 방향성을 그 어떤 책보다도 올바르게 제시하고 있습니다. 많은 독자들이 스마트 군수에 대한 이해의 폭을 넓히는 귀중한 기회가 되길 바랍니다.

김대기 교수(고려대학교)

바야흐로 배달 전쟁이 치열하다. 무한경쟁 속에서 승자는 명확하다. 엔드유저가 요구하는 제품을 원하는 시간과 장소에 최상의 상태로 배달해주는 기업이다. 여기서 가장 중요한 가치는 시간이다. 빨리 받고자 하는 고객의 욕구를 충족시키는 시간이 바로 부의 창출의 핵심요소인 것이다.

실제 전쟁의 영역에서도 동일한 원리가 적용된다. 기업은 군수부대이고 전투원이 고객이다. 전투원이 필요로 하는 군수품을 적기에 적량을 제공해줄 수 있다면 그 부대의 전투력은 보장되는 것이다. 곧 전쟁의 승패는 지속지원능력, 그중에서도 군수지원 능력에 달려있다.

그래서 근대 군사이론의 창시자 중 한 명으로 알려진 '앙투안-앙리 조미니'는 "전쟁이 벌어지면 아마추어는 전략을 고심하지만 프로는 군수를 먼저 생각한다."는 격언을 남긴 것이다. 현재 진행 중인 러시아-우크라이나 전쟁은 살아있는 교과서이다. 기대에 한참 뒤떨어진 러시아군의 전쟁수행을 지켜보면서 우리는 조미니의 교훈이 얼마나 중요한 지를 다시 한번 새기고 있는 셈이다.

그렇다면 우리는 무엇을 어떻게 준비해야 할 것인가? 세기의 석학 엘빈 토플러는 걸프전을 평가한 그의 명저 '전쟁과 반전쟁'에서, "국가가 전쟁을 준비하는 방식은 부를 만들어 가는 방식과 같다(Nation make war the same way they make wealth)"라고 역설하였다. 결국 한 나라의 군대가 제대로 승리를 준비하기 위해서는 사회가 부를 창출하는 방식에서 그 해법을 찾아야 한다는 것이다. '스마트 군수'는 이러한 원리를 꿰뚫고 있다.

이 책은 군수의 8대 기능 중 기본인 동시에 가장 중요한 기능인 '소요 예측과 조달'에 대한 학계이론과 실증연구들을 수행한 산물을 기반으로 軍의 군수 뿐만 아니라 민간 기업체의 공급체인관리(SCM)에 직접 활용 가능한 참고서로서 충분한 가치가 있다.

또한, 4차 산업혁명시대에 발맞추어 우리 軍이 지향하는 '스마트 군수'와 연계하여 미래에 활용 가능한 13개 스마트 기술 분야에 대한 군 활용방안들을 최근 사례를 들어 명쾌하게 설명한 점이 눈에 띄는 부분이다.

육군의 도약적 변혁을 이끌며 군수전문가들과 머리를 맞대고 고

심하였던 경험을 가진 본인이 보기에 이 책은 우리 군의 군수가 전장의 새로운 게임체인저가 될 수 있도록 안내해주는 길라잡이가 될 듯하다.

군 관련자들에게는 필독서이고, 민간기업 실무자들도 꼭 한번 읽어보기를 적극 추천한다.

전 육군참모총장 예비역 대장 김용우

이 책은 군수 분야에 관한 교과서이자 전략 경영서이다. 오랜 기간 군수 분야에 종사해온 저자들의 생생한 현업 경험을 바탕으로 군수 분야 종사자들이 알아야 할 중요한 이야기와 함께 다양한 사례를 기술하여 독자들의 이해를 돕고 있다. 특히 Big Data, AI, 로봇 등의 4차산업시대의 기술에 적합한 군수 조직구조와 업무 방식의 혁신적 패러다임을 제시함으로써 군 수뇌부와 실무 담당자들에게 매우 유용한 내용을 전달하고 있다.

김태현 총장(서울과학종합대학원, 전 연세대학교 경영대학장)

군수 물류(Military Logistics)는 제2차세계대전에서 영국군과 미군들이 산업공학 및 경영과학 기법들을 적용하여 연합군의 승전에 크게 기여하면서 급속적으로 발전해 왔으며, 현대 사회에서 그 중요성이 더욱 부각되고 있습니다. 최근 러시아 군이 우크라이나에서 고전하는 이유 중의 하나도 군수 물류의 비효율성이 지적되고 있으며, 현대전은 과거처럼 탱크나 항공기가 주도하는 전쟁이 아니라 효율적인 군수 물류가 큰 역할을 한다는 것은 세계 군사전문가들이 한 목소리로 주장하고 있습니다.

이 책을 통해 저자들은 1부에서 Push 시스템, 리드타임의 단축, 예측 자동화, 중앙 집중 방식 등 생산 및 물류관리의 핵심 개념들을 군 작전 및 운용에 어떻게 적용될 수 있는지 잘 설명하고 있습니다. 2부에서는 이러한 기본적인 물류 개념들뿐만 아니라 4차 산업혁명 시대에 필요한 인공지능, 빅데이터, 로봇, 디지털 트윈 등에 대한 개념들도 어떻게 군 작전 및 운용에 활용할 수 있는지 이해하기 쉽게 잘 설명하고 있습니다.

대표저자인 문성암교수는 생산 및 물류관리를 오랫동안 연구해 오며, 대한산업공학회, 한국경영과학회, 한국 SCM학회 등에서 꾸준히 논문도 발표하고 학회 임원도 맡으면서 열심히 연구 활동을 해오고 있는 중견학자입니다. 바쁜 와중에도 의미 있는 책을 출판하게 된 것을 산업공학자의 한 사람으로서 축하 드리며 기쁘게 생각합니다. 본 책은 군수 관련 군인들뿐만 아니라 생산 및 물류관리를 전공하는 산업공학 및 경영학 관련 전공 학생들에게도 기쁘게 추천하고 싶습니다.

문일경 교수(서울대학교 산업공학과)

러시아의 우크라이나 침공 작전에서 보여주듯, 첨단무기도 첨단 군수 시스템이 지원하지 않는다면 무용지물이다. 학계와 군의 군수 전문가들이 집필한 '스마트 군수'는 빅데이터와 스마트 기술로 무장한 군수 시스템의 청사진을 보여주고 있다. 불확실성에 선제적으로 대처하고, 예측이 어려운 상황에는 신속하게 대처할 수 있는 역량을 키우는 한국형 스마트 군수 시스템을 갖춘다면, 전쟁, 테러, 자연재해 등의 중대 위협으로부터 국민과 인류의 안녕을 지켜낼 수 있을 것이다.

민순홍 교수(연세대학교, 한국로지스틱스학회장)

인공지능, 로봇 등 4차 산업혁명 시대로의 적응은 군에서도 필수적이라 생각합니다. 시기적절하게 이 책이 출간되어 기쁘게 생각합니다. 많은 독자들이 이 책을 읽고 군수에 대한 이해의 폭을 넓히는 기회가 되길 바랍니다. 나아가 민과 군 간의 공동문제 해결을 위한 장을 마련할 필요가 있다고 판단됩니다.

서용기(로지스올 대표이사)

본인은 삼성전자에 입사하기 전 약 15년 동안 SCM 솔루션 아키텍트 또는 기술영업 역할로 재고 및 후보충관련 프로젝트를 직간접적으로 경험해왔다. 하이테크 산업에서부터 소비재 산업 그리고 자동차 부품

산업에 이르는 영역의 다양하고 복잡한 재고관리 프로젝트를 수행하면서 공통적으로 배운 점은 첫번째로 변동성을 어떻게 이해할 것인가? 두번째로 변동성을 어떻게 다룰 것인가로 정리할 수 있다는 점이다.

이런 측면에서 스마트군수는 앞서 두가지 부분을 군수라는 특수한 환경을 고려하면서 전체 물류 (군수) 네트워크 차원에서 군수 전략과 그에 따른 재고 이행 방법을 구체적으로 제안하고 있다. 특히 군수 총비용이라는 제약하에 어떻게 스마트하게 군수 네트워크를 재편하여 비용을 절감하는 동시에 서비스 수준을 높일 수 있는지를 다양한 실험과 사례를 통해 제시하고 있다는 측면에서 비단 군수 영역뿐 아니라 민간 영역에도 중요한 시삿점을 제공하고 있다.

챕터를 넘기면서 필자들의 재고 및 후보충 계획 영역에 있어 전문성과 깊은 고민의 흔적들을 느낄 수 있었고, 의심없이 진리라고 믿고 적용해오던 전통적인 다단계 재고관리의 이론들, 예를 들어 풀방식, 예측정확도를 통해 변동성을 높일 수 있다는 전통적 통념을 깨뜨리고 새로운 시각과 개념을 제시하고 있다.

또한 필자들은 IoT, 블록체인, 3D프린팅 등 신기술이 재고 및 후보충계획에 어떻게 적용될 수 있고 어떤 실질적 효과에 기여하는지 깔끔하게 정리하고 있는데 덤 이상이다.

재고는 변동성에 대응하기 위한 전략적 수단이다. 지금까지의 군수는 불확실한 미래의 변동성을 정확히 예측하기 위해 노력을 경주했다면 스마트 군수는 변동성을 예측하기 보다 어떻게 잘 다루는 것이 중요하다는 점을 강조한다.

우리 회사 또는 조직이 가져가야할 적정한 재고는 얼마일까? 어떻게 측정할 수 있을까? 우리의 재고전략은 무엇이고 실행은 어떻게 할 것인가?

근본적으로 고민한다면 이 책을 추천한다!

윤석진 상무(삼성전자)

최근에 벌어지고 있는 러시아의 우크라이나 침공에서 러시아 군의 군수체계 미비로 전투 장비, 유류, 식량, 침구류 등이 적시에 보급되지 않아 전장에서 고전하고 있는 것을 보았습니다. 이를 보며 평시부터 전쟁에 대비한 준비태세 구축과 신속한 군수지원을 위한 체계적 교육훈련을 통해 전시에 전투 장비의 가동율을 최대한 보장하고, 보급물자의 원활한 지원으로 작전지속지원능력을 완벽하게 구비하여 전투원의 사기가 저하되지 않도록 하는 것이 전쟁승리의 핵심요소임을 다시 한 번 절실히 느꼈습니다.

국민의 세금으로 국방예산을 운영하고 있는 군조직이 평시에 군수체계(기본적으로 조달, 정비, 보급, 수송, 시설 등)를 스마트하게 관리한다는 것은 예산 낭비요소를 제거하여 국방경영 효율화를 기하면서도 각종 장비의 최적 가동상태를 유지하여 완벽한 대비태세를 보장함과 아울러 장비를 운영하는 전투요원들이 사기충천한 가운데 부여받은 임무수행을 잘 할 수 있는 여건을 만들어 주는 것입니다.

그런 면에서 이 책은 4차 산업혁명 시대를 살아가는 우리에게 향후 한국 군수가 나아가야 할 방향을 제시하고, 군수에 접목될 다양한 기술들을 소개하여 군수를 보다 폭넓게 이해하면서 스마트하게 관리하고 미래를 구상할 기회를 제공할 것으로 확신합니다.

많은 사람(장병)들이 이 책을 읽어 미래 군수에 대한 공감대를 형성하고, 우리 군의 군수체계 발전에도 큰 도움이 되길 바랍니다.

정경두(46대 국방부 장관)

풀(pull) 중심에서 푸시(push) 중심으로 바뀌어야 한다는 내용이 상당히 파격적이다. 전통적인 관리 방식이 푸시 방식이고, 새로운 방식으로 풀을 간주하고 있었는데, 오히려 반대로 가자는 주장인 줄 알고 순간 놀랐다. 그런데 내용을 읽어보니 공감이 간다. 빅데이터에 대한 분석과 인공지능의 활용을 늘리면 예측이 정확해지고, 그러면 리드타임을 고려할 때 훨씬 효과적이고 효율적인 운영이 가능할 것이라 보인다. 이에 따른 군수 구조 변화까지 수긍이 간다. 이러한 파격적인 내용이 곳곳에 숨어 있다. 곱씹으면서 읽을 가치가 있는 책인 것 같다.

하헌구 교수(인하대학교, 물류과학기술학회장)

'작전은 전투를 승리하게 하고, 군수는 전쟁을 승리하게 한다'라는 말이 있습니다. 즉, 군에 있어 군수분야는 평시와 전시를 불문하고 군의 기능을 유지하는 중요한 요소임과 동시에 군수가 뒷받침되지 않으면 전장에서의 승리를 보장할 수 없습니다.

그런 차원에서 빅데이터(Big Data), 사물인터넷(IoT), 클라우드(Cloud), 모바일(Mobile) 등 4차 산업혁명의 대표적 기술과 군수분야와의 시너지를 통해 전투현장에 최적의 지원시스템을 마련하여 군이 오직 전투임무에만 전념할 수 있는 여건을 만들어야 합니다.

아무쪼록 미래에는 전장과 군수가 하나로 연결되는 상황에서 창의적 사고와 혁신으로 기존의 패러다임을 탈피하여 변화하는 전장을 주도하는데 '스마트 군수'가 소중한 지침서가 되길 바라며, 이 책을 발간하기 위해 애써주신 집필진 여러분의 노고에 깊이 감사드립니다.

한기호(국회의원)

1부

한국형 스마트 군수

Smart Logistics for Korea

★★★★★

01

군수품 보급 단계는 부대규모에 따라 결정되는 것인가?

SMART LOGISTICS

육군은 사용자가 많아서 4단계이고, 해, 공군은 육군에 비해 적어서 3단계로 구성해도 된다는 논리가 지금까지는 지배적이다. 하나의 품목이 여러 단계를 거쳐서 가는 것보다 한 번에 수송되는 것이 비효율적이기 때문이다. 그럼 단계수는 얼마가 적당할까?

4개의 제품을 3군데 사용처에게 전달하는 방식에 대해 살펴보자. 〈4-3 구조〉 그림과 같다.

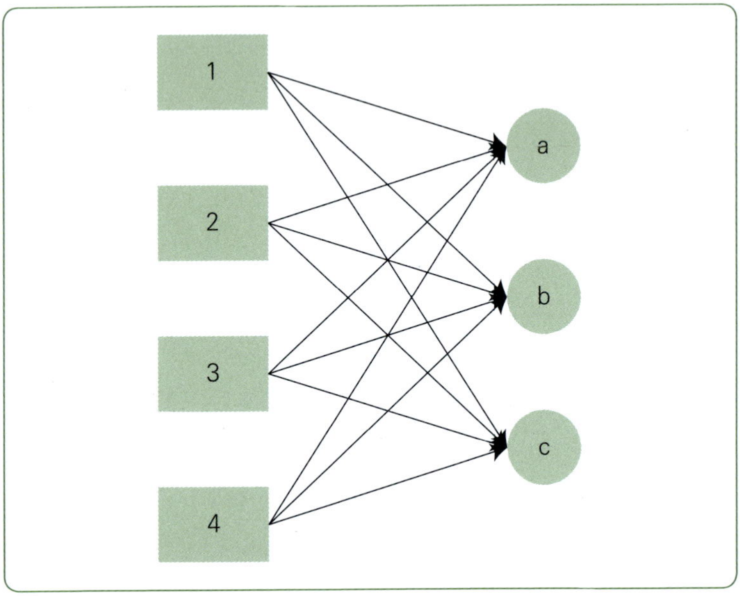

4-3 구조

출발지 1, 2, 3, 4에서 목적지 a, b, c로 간다. 통합수송이 없다고 가정한다면, 총 12개의 화살표(노선)가 그어진다. 트럭에 의한 수송이라고 한다면 12대의 트럭과 12명의 운전기사가 필요하다. 군납업체 3,000군데가 있고, 군수품 사용처가 15,000곳이라면 총 필요 수송횟수는 45,000,000회이다.

중간에 단계를 하나 추가하면 수송횟수가 줄어든다. 4-3 구조를 4-1-3으로 바꾸면 〈4-1-3 구조〉 그림과 같다. 중간에 단계를 하나 추가하였더니 수송횟수는 12회에서 7회로 줄어든다. 이전과 동일하게

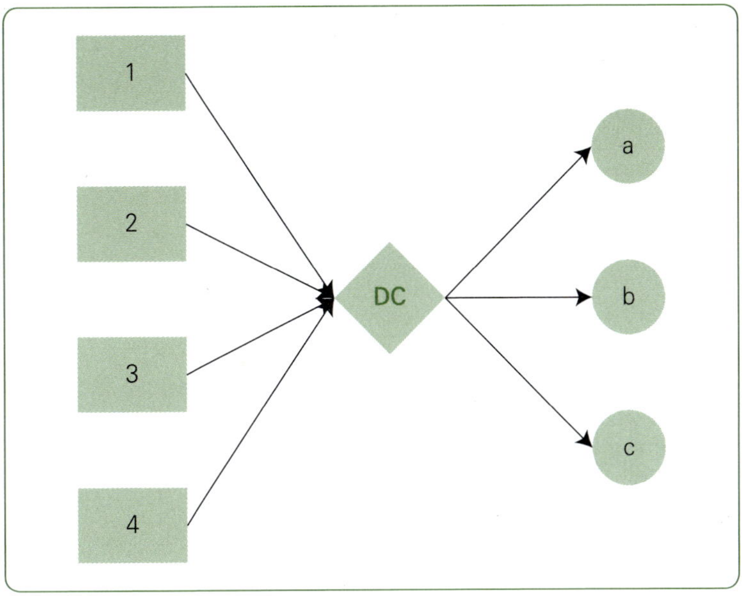

4-1-3 구조

3,000곳의 군납업체에서 15,000곳의 사용처에 군수품을 전달한다. 다만 수송구조의 중간에 한 단계를 늘리면, 3,000 + 15,000 = 18,000회만 수송하면 된다. 출발지와 목적지의 곱에 의해 결정되는 것을 합에 의해 결정되게 만든다. 중간 단계를 더 늘린다고 수송횟수가 줄지는 않는다. 4-1-3과 4-1-1-3의 경우 수송횟수는 7회에서 8회로 오히려 늘어난다. 중간 단계가 복수이면 계산이 조금 복잡해진다. 하지만 그림을 그려보면 쉽게 이해할 수 있다.

동일한 4단계여도 그 구성비가 달라지면 다른 수송횟수를 보인

수송구조	4 - 3	4 - 2 - 3	4 - 1 - 2 - 3	4 - 2 - 1 - 3
총 수송횟수	4 x 3 = 12	8 + 6 = 14	4 + 2 + 6 = 12	8 + 2 + 3 = 13

수송구조에 따른 총 수송횟수 비교

다. 4-1-2-3의 경우 12회이고, 4-2-1-3의 경우는 13회이다.

수송횟수를 줄이면 수송비용은 줄어든다. 수송비용은 물류비용의 대략 70%를 차지한다. 수송비용에서 인건비 부분이 절대적이라고 해도 과언은 아니다. 그 외에도 거리, 무게 등이 영향을 미친다. 100킬로미터 수송거리, 5톤의 화물을 수송하는 비용이 10만 원이라고 할 때, 거리가 50킬로미터로 줄어든다고 해서 5만 원이 되지는 않는다. 마찬가지로 화물의 무게가 2.5톤으로 줄어도 수송비용이 절반이 되지는 않는다. 어차피 한 대의 트럭, 한 사람의 운전이 필요하기 때문이다. 다시 말하면 수송비용에서 가장 중요한 요소는 역시 수송횟수이다. 그 수송횟수를 줄이기 위해 중간 단계를 넣는 것은 필수적이다. 참고로 물류 네트워크는 〈일반적인 물류 네트워크〉 그림과 같이 중간이 홀쭉한 구조를 가진다.

좌측의 삼각형을 보고 집산(convergent)이라고 하고, 우측의 삼각형을 확산(divergent)이라고 한다. 가운데 집산과 확산이 만나는 점이 하나 또는 소수가 생긴다. 이런 구조를 가질 때 효율적이라고 할 수 있

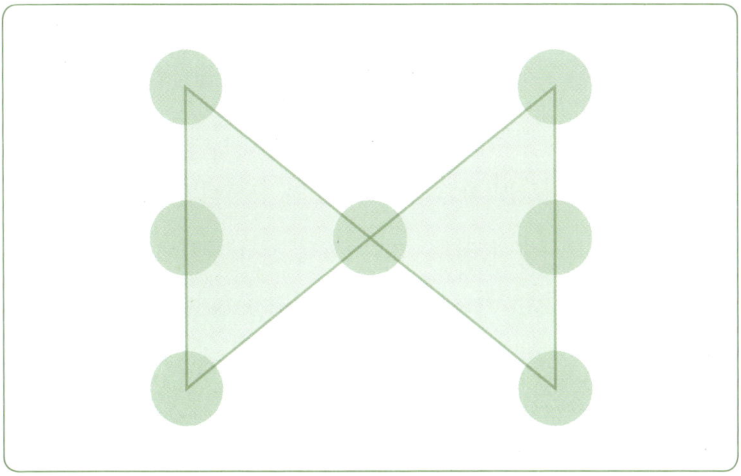

일반적인 물류 네트워크

다. 여기서 효율적인 것은 역시 수송횟수를 줄이는 구조라는 의미다.

중간에 위치한 지점이 하나여야 하는가에 대해서는 논쟁이 될 만하다. 군 공급사슬은 절대로 깨지면 안되기 때문이다. 위와 같은 네트워크에서 중간지점이 폭격이라도 맞아 붕괴된다면 전체 공급사슬은 마비된다. 효율적인 것이 효과적인 것은 아니다. 여기서 짚고 넘어가야 하는 것은 효과성 때문에 효율성을 상당부분 포기하게 될 수 있다는 점은 알아야 한다.

최근 군수품 물류에서 사용자 대기기간(CWT: Customer Waiting Time)을 줄이기 위한 노력이 많이 이루어졌다. 그중 한 가지 현상으로 사용자 부대에서 군납업체로부터 직접 납품을 받는 경우가 늘고 있다. 직납을 하는 이유는 다양하다. 중앙보급의 경우 사용자 대기시간이 길고, 직납을 하면 꼭 필요한 물품을 빠르게 공급받을 수 있다는 등의 이유가 있다. 하지만 이러한 직납의 경우 곱의 법칙이 지배하도록 만든다. 위에서 살펴본 4-3 배송구조와 유사해진다. 따라서 매우 비효율적인 공급사슬이 될 수 있다. 특히 전시 상황에서 군납업체로부터의 직납이 얼마나 가능할 것인지는 한번쯤 생각해봐야 할 주제로 판단된다.

★★★★★

02

미군의 선진화된 군수 보급 시스템을 따르면 되나?

SMART LOGISTICS

미군은 다단계 보급 시스템(multi-echelon supply chain)을 운영 중이다. 보급단계가 늘어나면 중간 보급단계의 의사결정자들이 늘어난다. 중간 보급단계의 의사결정자들은 보급 흐름 현상을 실시간으로 확인하고 중간 최적화를 한다. 따라서 보급단계를 거칠 때마다 보급량은 최적화된다. 하지만 최적화할 때마다 재고는 늘어난다.

군수사 – 군지사(군지여단) – 사단이라는 3단계 공급사슬이 있다. 사단은 자신의 사용 상의 불확실성을 피하기 위해 재고를 쌓아둔

미군이 전시 연합 대규모 군수지원훈련인
'퍼시픽 리치 작전(OPR)'에서 보급 훈련 중인 장면

미군은 전 세계를 대상으로 훈련과 전쟁을 수행하므로 재고 위치와 수송 거리가 중요한 고려요소가 된다.

출처: 중앙일보(17.04.11.), 미군의 진면목을 볼 수 있는 연합 군수지원 '퍼시픽 리치' 작전.

다. 군지사는 사단에서 들어온 청구에 대비하기 위해 재고를 쌓는다. 군수사 또한 자신의 고객인 군지사의 청구에 대비하기 위해 재고를 가진다. 그런데 군지사의 재고가 부족하게 된다고 해서 사단이 전투를 못하는 것은 아니다. 군수사로부터 긴급배송 받으면 되기 때문이다. 군지사는 중간 보급단계로서 최적화된 재고를 보유 중이다. 그럼에도 불구하고 군지사의 재고부족이 미치는 영향은 어떤가. 때론 군지사의 재고 목적이 애매해질 수 있다. 군수사 또한 군지사와 같은 맥락으로

패키지화된 군수품의 긴급 수송을 위해 항공기에 적재 중인 장면

우리나라는 미군에 비해 수송 거리가 굉장히 짧고 원거리 작전이 드물다. 항공이나 차량을 이용한 빠른 수송이 가능하므로 재고 위치나 수송 거리가 중요한 미군과는 차이가 있다.

출처: 경상매일신문(19.10.22), 공군 60전대, 항공수송 지원능력 경쟁 치열.

최적화의 오류에 빠질 가능성이 매우 크다.

단계 수가 늘면 채찍효과(bullwhip effect)는 보통 2배로 늘어난다. 쉽게 설명하면 비효율이 두 배로 늘어난다. 채찍효과에 대해서는 중앙집중화에서 설명한다. 하지만 스마트 군수가 이루어진다면 이러한 단계는 없어진다. 어디서 얼마나 소요될 것인지를 알고 있는데, 중간에 미리 쌓아놓아야 할 필요가 없기 때문이다.

정보기술, 수송기술 등이 발달했다. 1,000km를 가는 데는 반나절로도 충분하다. 수송기도 좋아지고, 드론도 개발되었다. 그런데 우리의 공급사슬은 변하지 않고 있다. 전시 상황에서 찾고자 하는 것이 창원에 있든지, 화천에 있든지 큰 상관이 없다. 어디에 있는지만 알면 그걸 수송하는 데 걸리는 시간은 얼마 걸리지 않는다.

미군과 같이 전 세계를 대상으로 전쟁을 벌이고 있으면 재고 위치에 따른 전투력 차이가 분명하게 드러날 것이다. 선진군인 미군의 시스템을 그대로 가져오면서 한반도가 그리 크지 않다는 점을 간과한 채 그대로 받아들이고 있는 것은 아닌지 의문이 든다.

★★★★★

03

다시 푸시 시스템으로…

SMART LOGISTICS

리드타임 갭(lead-time gap)은 존재할 수밖에 없다. 사용자가 사용하기를 원하는 시간이 있는데, 그 시간 안에 제품을 공급하지 않으면 위태롭다. 민간 기업에서는 고객 상실이 발생하게 되고, 군에서는 전투를 불가능하게 만든다.

사용자가 사용하고 싶을 때 사용할 수 있도록 모든 작업이 사전에 이루어지는 형태를 완전 푸시 시스템(full push system)이라고 한다. 사용 전 활동에는 생산, 조달, 저장, 배송 등의 기능 등이 포함된다. 이러한 활동이 언제 얼마만큼 필요한지를 예측하여, 그 예측량에 기반

완전 푸시 시스템의 개념도

하여 생산, 조달, 저장, 배송하게 된다. 하지만 예측 정확도가 낮으면 매우 두꺼운 공급사슬이 만들어진다. 두껍다는 것은 많은 재고를 가지고 있어야 함을 뜻한다.

재고 효율성을 높이기 위해 풀 시스템(pull system)이 도입되었다. 사용자가 어떤 물건을 받는데 특정 시간이 걸려도 큰 문제가 생기지 않을 경우에 착안된 시스템이다. 대응지점을 기준으로 왼쪽은 푸시 시스템으로 작동한다. 예측에 기반한다. 대응지점의 오른쪽은 풀시스템이다. 사용자의 청구가 발생하면 색출, 수송, 검수 기능 등이 작동한다. 사용자의 청구가 발생하지 않으면 아무런 일도 일어나지 않는다. 완전 푸시 시스템에서 부분적인 푸시 시스템으로 바뀐 이유는 사용자가 청구, 색출, 수송, 검수에 걸리는 시간을 허락하였기 때문이다. 전체 공급사슬에서의 재고가 너무 많으니 약간의 기다림은 허용해주겠다

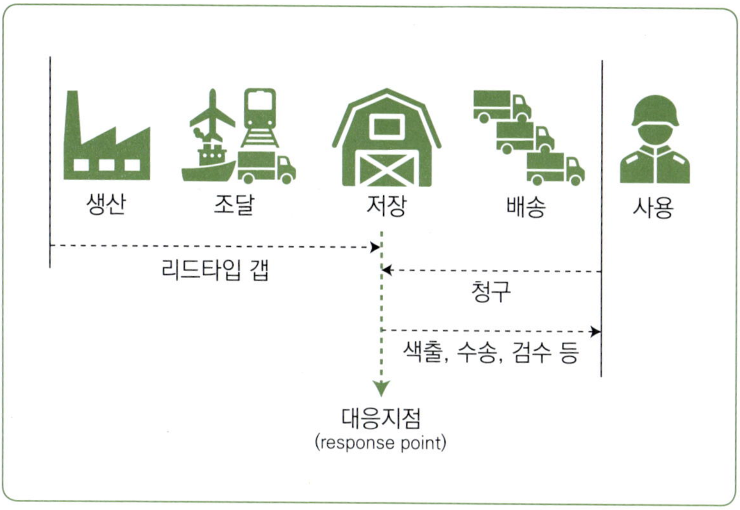

풀 시스템의 개념도

는 뜻이다. 때로는 사용자가 너무 많은 재고를 가지는 것도 부담스러우니 상위 단계에서 재고를 가지고 있으면 좋겠다는 뜻이다.

결과적으로 사용자가 좀 더 오래 기다려줄 수 있다면 대응지점은 생산을 넘어설 수 있다. 그런데 기다려줄 수 있는 것인지와 기다릴 수밖에 없는 것인지는 구분되어야 한다. 개인적인 생각에 다음과 같은 과정을 통해 사용자의 대기시간과 재고량이 계속 늘어난 것은 아닌지 우려된다.

예측능력이 떨어져서 재고량이 늘어났다. 재고량이 늘어나니 재고효율화 압력이 높아졌고, 이에 재고감축을 위해 대응지점을 보다

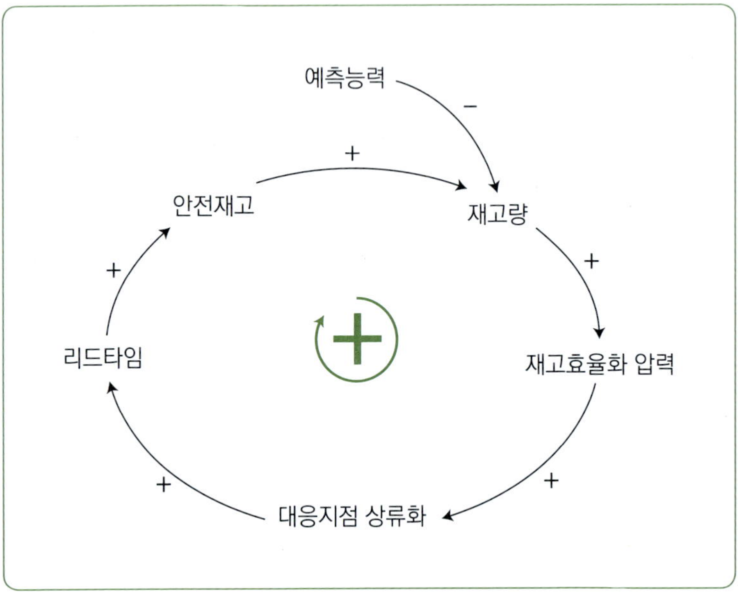

재고량 증가 루프

상류로 이동시키게 된다. 대응지점 상류화가 이루어지면 리드타임은 더욱 늘어난다. 늘어난 리드타임에 대비하기 위해 안전재고를 늘릴 수밖에 없고, 안전재고량이 늘어나 전체 재고량은 늘어났다. 다시 재고효율화 압력은 높아진다.

이러한 과정은 예측능력 부족에서 기인한다. 예측능력을 향상시키는 노력을 간과한 것은 아닌지 다시금 돌이켜봐야 한다. 군수 규정에 나와있는 예측기법들을 볼 때 개선 노력의 부족은 피할 수 없는 것 같다. 애초에 사용자부대가 좀 더 오랜 시간을 기다려줄 수 있을 것으로 기대한 것 자체가 잘못된 시작인 것은 아닌지 하는 생각도 든다. 왜냐하면 계속 직납이 증가하였기 때문이다. 직납이 증가한 것은 오래 기다릴 수 없었기 때문이 아닐까 하는 생각이다.

상류에 있는 부대에 주문을 하면 오래 걸린다. 사용자부대들은 답답하기 때문에 자신들이 직접 공급업체와 계약하여 물품을 구매하고 있다. 이를 직납이라고 한다. 직납의 비중은 점차 확대되어 전체 물동량의 80%를 넘어선다는 보고서도 있다. 사용자 대기기간을 줄일 수 있고, 중간 단계를 거치지 않기 때문에 궁극적인 방향인 것은 맞는데 몇 가지 취약점을 제공하기 때문에 군에서 직납은 면밀히 재검토될 필요성이 있다.

일단 수송 효율성이 떨어진다. 군납업체 수가 변동적이지만, 대략 1,500개 정도라고 가정하자. 육해공군에서 어떤 물품을 수령하는 부대 수가 1,000곳이라고 하자. 그러면 1,500군데에서, 1,000곳으로 물건을 배송하면 그 수송노선은 1,500,000개가 생긴다. 엄청난 수이다. 그런데 중간에 군수사가 개입하면 2,500개로 줄어든다. 1/100 이상의 효과를 기대할 수 있다. 군수사의 능력을 향상시키면 사용자 대기기간을 일정 수준 보장하면서 수송 비용을 대폭 줄일 수 있다.

직납을 피해야 하는 또다른 이유는 전쟁 때문이다. 전시 상황에 군납업체들의 수송활동이 원활하게 이루어질리 만무하다. 전쟁터에 트럭을 타고 물건을 실어나르는 위험한 일은 민간인들이 아무리 애국심이 높다고 해도 무리다. 평시에서 전시로 전환될 때, 군이 민간에서

하던 수송업무를 맡으면 되지 않겠느냐 하겠지만 이 또한 실행 불가능하다고 본다. 평시에 하던 일도 전시되면 힘들어지는데, 안 하던 일을 전시 상황에 갑작스럽게 하면 제대로 할리가 없기 때문이다.

결국 군수사의 능력을 엄청나게 증가시켜야 한다. 새로운 군수 비전을 가지고 제로베이스에서 다시 생각하지 않으면 안 된다.

★★★★★

04

중앙집중화된 강력한 군수사

SMART LOGISTICS

다단계 공급사슬에서 독립적인 관리가 이루어지면 부작용이 발생한다. 대표적인 부작용은 청구량이 증폭하는 현상이다. 이를 채찍효과라고 하는데, 학계에서는 이미 1990년대 중반부터 관심을 가지고 이를 줄이려는 시도가 많이 이루어졌다. 산업계에서는 이미 분산화에 대한 많은 오류와 실패를 경험하였고, 이를 해결하기 위한 학계의 노력들도 이미 상당히 진척되었다. 따라서 군은 오류를 점진적으로 개선해서는 안 된다. 점진적인 개선의 경우 동일한 실패와 수정의 과정을 계속 거쳐야 한다. 논쟁도 끝난 사항을 가지고 시간을 끌어서는 안 된다. 레가시 효과를 없앨 수 있는 훌륭한 혁신이 될 것이다.

채찍효과의 발생 원인들

지연(delay)

청구를 해서 물건을 받는데 걸리는 시간인 리드타임(lead-time)은 모든 단계에서 발생한다. 각 단계의 의사결정자는 리드타임 동안의 수요와 소요에 대처하기 위한 재고를 가진다. 따라서 지연이 길면 많은 재고를 가질 수밖에 없다. 지연이 0이면, 즉 리드타임이 0이면 무재고 경영이 가능하다.

독립적인 수요예측(independent forecasting)

리드타임 갭(lead-time gap)이 존재하기 때문에 푸시(push)가 일어날 수밖에 없다. 푸시하려면 예측해야 한다. 수요와 소요는 확률적인 값을 가진다. 100만큼의 수요가 있을 것으로 예측할 때, 정확히 100이 실현되지 않는다. 편차를 가진다. 어떨 때는 90, 어떨 때는 110이 될 수 있다. 따라서 의사결정자는 이러한 변동에 대비하기 위해 더 많은 재고를 가지게 된다. 그런데 하류(downstream)의 예측치는 청구량(order quantity)으로 연결된다. 이를 받아들여 자신의 재고량을 결정할 때는 증가된 하류의 청구량을 기본으로 예측하게 된다. 결국 이미 증가된 값에 또 비율적 증폭이 일어나게 되는 것이다. 가장 하류 단계에서 예측한 값이 100, 이를 받아들여 안전재고를 설정하여 예측한 다음 단계의 예측값이 120, 그 다음 단계에서 동일하게 예측과정을 거치면 144로 증폭된다. 따라서 각 단계에서 독립적으로 수요를 예측하는 것은 공급사슬에 엄청난 손해를 끼치게 된다.

예상매입(anticipation)

가격이 오를 것 같거나, 소요가 많아질 것으로 예상되면, 각 단계 의사결정자들은 청구량을 늘린다. 각 단계의 입장에서는 합리적인 의사결정을 수행하였다. 그런데 상류 의사결정자는 하류의 청구량에 예상매입치가 포함된 것인지 알 수 없다. 하류의 청구량을 바탕으로 자신의 청구량을 조정하기 때문에 증가된 예상매입치는 그대로 상류로 전달된다. 전달되면서 증폭이 이루어진다.

부족분 게임(shortage game)

이는 확산(divergent) 단계에서 주로 일어난다. 한 공급자와 두 구매자가 있다. 구매자 A는 200을 주문해왔고, 구매자 B는 100을 주문해왔다. 어느 날 수요가 20% 상승하였다. 구매자 A는 240을, 구매자 B는 120을 주문했다. 그런데 공급자는 300개 밖에 가지고 있지 않다. 공급자는 여전히 200, 100을 공급한다. 그런데 구매자 A는 구매자 B가 100개를 가져가는 것을 알았다. 그래서 구매자 자신의 주문량을 늘리면 더 많은 양을 받을 수 있을 것이라 기대한다. 구매자 B도 동일하게 생각한다. 그래서 각각 280, 140을 주문한다. 공급자가 360개를 가지고 있다고 해도 여전히 구매자들이 요구하는 양을 충족시켜줄 수는 없다. 만약 공급자가 수요증가 현상을 일시적이라 판단하여 300개를 가지고 있었으면 더 많은 부족분 게임을 일으킬 수도 있다. 각 참여자간의 경쟁구도가 있을 때 이러한 게임현상은 더욱 두드러진다.

공급라인 무시(ignoring the supply line)

청구하였던 사실을 잊어버리고 재청구하는 현상을 말한다. 청구 시스템이 자동화되면 이런 일은 벌어지지 않는다. 청구 시스템 내에 열린 주문(open order)를 관리하는 모듈이 포함되어 있어야 한다. 사람이 청구작업을 할 때는 실수에 의해, 의도에 의해 재청구하는 일이 발생한다. 여기서 공급라인이라는 것은 청구하였으나 아직 도착하지 않은 상태에 있는 주문을 뜻한다.

김 주무관은 창고에서 청구업무를 담당하고 있다. 전기가 들어오지 않는 창고에서 관리효율을 높이기 위해 제품별 가시적 재청구점 시스템을 수동으로 만들었다. 200개 품목을 관리하고 있는 김 주무관은 각 제품별로 보관하고 있다. 그리고 각 제품별로 재청구 수량을 정해놓았다. 김 주무관은 오후에 창고에 들어가 재청구수량 아래에 떨어져 있는 제품에 대한 청구수량을 적는다. 사무실로 돌아와 컴퓨터에 입력한다. 매일 매일이 이러한 삶의 연속이다. A품목의 재청구점은 100개이다. 즉 100개 이하가 있으면 청구한다. 한번에 청구하는 물량은 50개다. 어느 날 김 주무관은 A제품이 90개인 것을 확인하였다. 그래서 50개를 청구하였다. A제품의 리드타임은 7일이다. 그 다음날 김 주무관이 창고에 갔더니 A제품이 청구점 아래에 있다. 당연하다. 하지만 김 주무관이 취급하는 품목 수가 200개가 넘다보니 A제품을 언제 청구하였는지 기억이 나지 않는다. 그래서 없는 것보다는 있는 것이 좋다는 판단 하에 다시 50개를 청구하였다. 7일간 이 일은 반복되었다. 8일째가 되면서 A품목의 재고는 하루에 50개씩 증가하였다. 14일이 지나면서는 300개 이상의 재고가 쌓여있는 것을 발견하였다. 이런 일이 절대로 발생하지 않는다고 장담할 수 없다.

동기화(synchronization)

특정한 날에 청구가 발생하면 채찍효과가 발생한다. 1군지사에서 7개의 사단에 특정 제품을 공급하고 있다고 가정하자. 이 7개 사단은 행정업무 간소화를 위해 매주 금요일에 1군지사에 청구하고 있다. 7개 사단의 청구량은 각각 100개씩이다. 1군지사가 받게 되는 하류제대의 청구량은 일주일 중에 하루는 700개이고, 나머지 6일은 0개이다. 1군지사 또한 상위부대인 군수사에게 청구하여 물건을 받는다고 가정하자. 1군지사가 1일 단위로 청구량을 결정하고 있으며, 안전재고량을 고려하고 있다. 따라서 안전재고량의 결정에서 수요량 또는 소요량의 표준편차가 활용되는데 비교적 큰 표준편차에 대처해야 한다. 만약 7개 사단이 월요일에서 일요일까지 주어진 요일에 청구하도록 유도하였다고 가정해보자. 그러면 1군지사가 받게 되는 수요량은 월요일에서 일요일까지 모두 100개이고, 표준편차는 0이다. 1일 단위에서 1주일 단위로 바꾸면 문제가 안된다고 생각하기 쉽다. 하지만 이때에는 배송주기, 주문주기 등을 모두 조정해야 한다. 단위 시간을 크게 하면 그만큼 많은 양의 재고가 쌓이게 된다.

이외에도 의사결정자의 휴리스틱, 주기적 배송시스템 등 많은 인적 요소와 구조적 요소가 채찍효과에 영향을 미친다. 채찍효과를 완전히 제거할 수는 없지만 줄이는 것은 필요하다.

채찍효과 축소 방안

채찍효과를 줄이기 위한 수많은 방안들이 제시되고 있다. 그중에서도 Hong et al.(2000)[1]이 제시한 전략은 오래되었음에도 불구하고 현재까지도 유효하다. 한국군에 시사하는 바가 크기 때문에 소개하고자 한다.

EPOS(electronic point of sale)

공급사슬의 말단이라고 할 수 있는 유통업자(군으로 따지면 사용자 부대)의 판매(소요) 데이터를 공급사슬의 참여자들이 공유하는 전략이다. 개인의 휴리스틱을 제거하기 적합하며, 실제 수요나 소요의 변동에 빠르게 대처하자는 의도를 가지고 있다. 물류 혁신 프로그램들 중에서도 가장 기본이 되는 전략이어서 대다수 기업들은 EPOS를 우선 시도하고 있다. 우리 군에서도 말단의 사용자 부대에서 POS 단말기를 이용하여 재고량을 스캔하는 방식으로 바꾸어야 한다. 스캔된 정보는 중앙에 위치한 데이터 웨어하우스(data warehouse)로 전송되고 저장되어 자산 가시화가 가능하다. 공급사슬의 모든 의사결정자들은 이 데

1 Hong-Minh, S. M., Disney, S. M., & Naim, M. M. (2000). The dynamics of emergency transhipment supply chains. International Journal of Physical Distribution & Logistics Management.

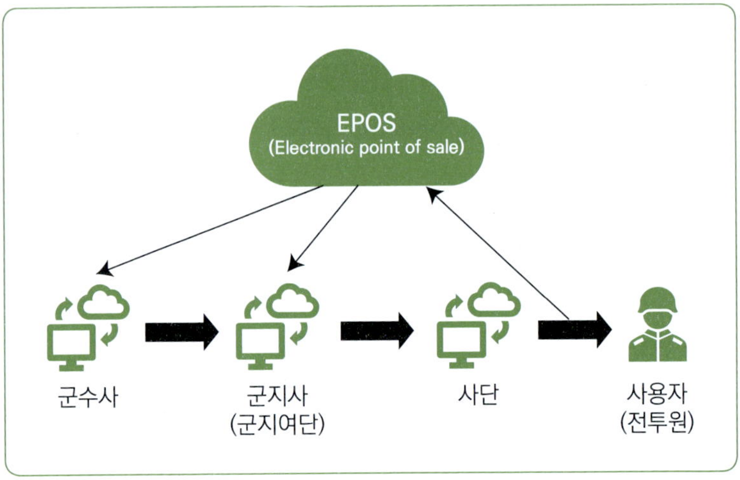

EPOS의 자산 가시화 개념

이터를 기반으로 의사결정할 수 있다. 블록체인 기술을 이용하여 분산화된 데이터 저장 방식을 선택하는 것도 고려할 필요가 있다.

EXCEL(excellent)

공급사슬 참여자중 한 의사결정자가 모든 의사결정을 내리는 방식을 말한다. 군의 경우 군수사에서 특정 품목의 재고량, 청구량 등의 모든 의사결정을 단독으로 내린다. 이렇게 되면 독립적인 수요예측, 의사결정자의 휴리스틱, 공급라인 무시 등의 대부분의 채찍효과 원인을 완화시킬 수 있다. 누가 이런 절대적인 권한을 가질 것인가에 대한 논쟁이

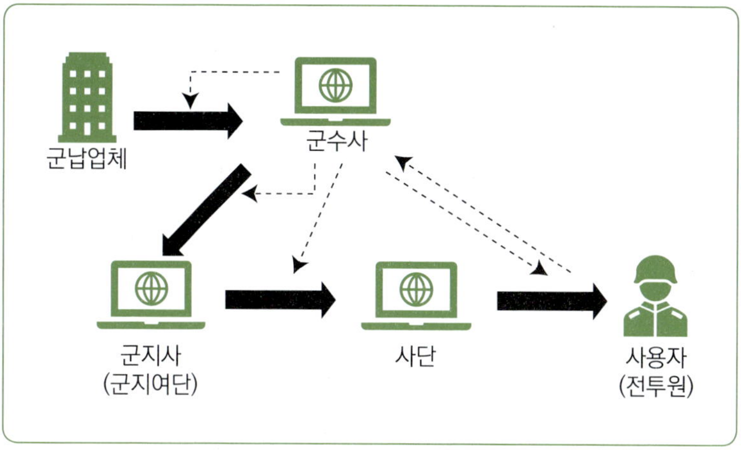

EXCEL 전략

EXCEL 전략에서는 강한 권한을 가진 군수사에서 재고량, 청구량 등의 모든 의사결정을 내리므로 대부분의 채찍효과 원인을 완화시킬 수 있다.

있을 수 있지만 채찍효과를 줄이는 데에는 상당히 유효한 전략임은 분명하다.

EMER(emergency)

말 그대로 긴급할 때 별도의 배송채널을 만드는 전략이다. 사단에서 필요한 양을 통상적으로는 군지사에서 제공하지만, 특별한 경우에 군수사에서 사단으로 직접 배송하는 형태를 말한다. 긴급배송채널을 만들면 복잡해지지만 리질리언트한 공급사슬을 만들 수 있는 큰 장점을

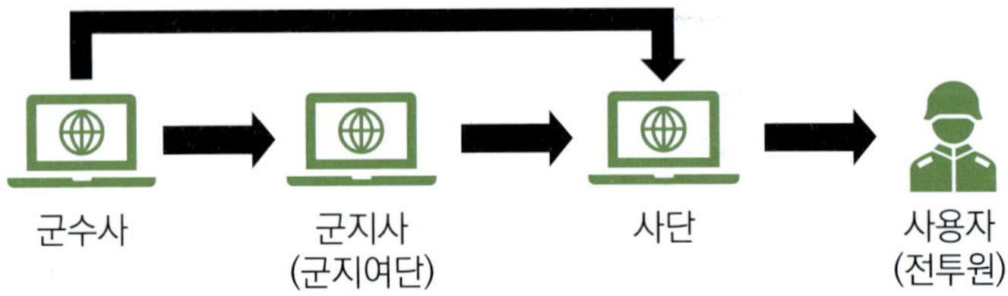

EMER 전략

EMER 전략의 긴급배송 채널은 리질리언트한 보급을 가능하게 한다.

가진다. 이러한 전략을 활용하면 채찍효과까지 줄어든다. 비상시에 이용할 수 있는 채널이 존재하기 때문에 과도한 재고를 사단이 가지고 갈 필요가 없기 때문이다. 하지만 군수사가 사단에 물건을 납품하는 시간이 군지사에서 사단으로 가는 시간과 유사한 수준이어야 한다. 군지사-사단이 7일이라면 군수사-사단의 물류시간 또한 7일에 가까워야 한다.

이중채널(Dual channel)

평상시에도 이중채널(dual channel)을 활용할 경우 효율적일 수 있다는 논의도 진행 중이다. 즉 사단에서 70%의 물량은 군지사를 통해, 30%의 물량은 군수사를 통해 지원받는 형태를 말한다. 대략화하여 7:3으

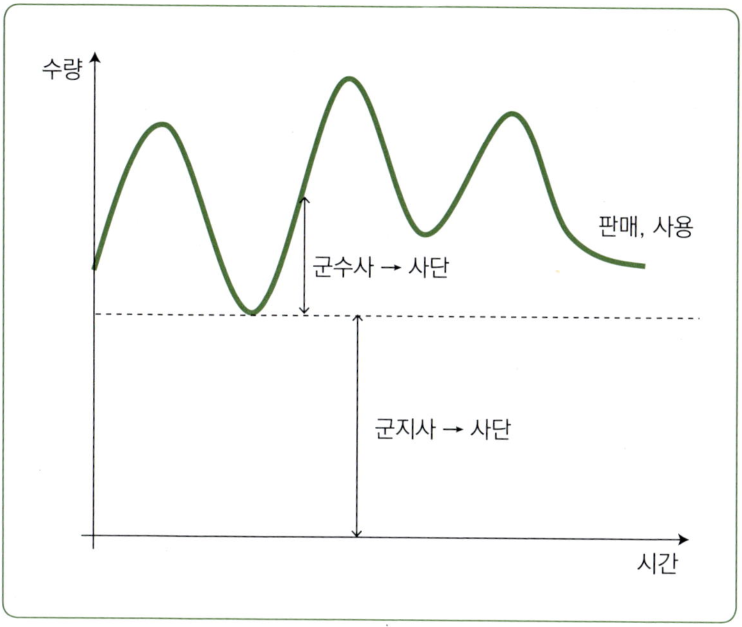

이중채널의 예시

군지사 보급 70%, 군수사 보급 30% 지원의 개념

로 구분하였지만 〈이중채널의 예시〉 그래프처럼 활용하면 매우 효과적인 것으로 분석되고 있다. 군수사 → 군지사(군지여단) → 사단으로 연결되는 채널에는 일정한 양을 공급하고, 군수사 → 사단의 긴급채널에서는 늘 변하는 변동량을 공급하는 방식이다. 이러한 이중채널을 활용하면 채찍효과의 대부분을 줄이는 것으로 분석되고 있다.

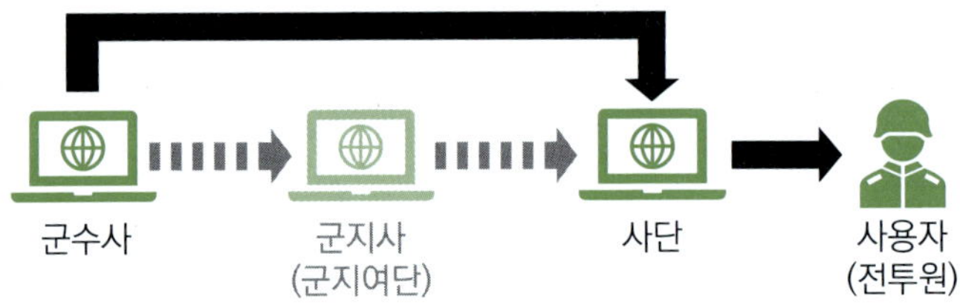

ELIM 전략

ELIM은 공급사슬의 중간단계를 제거하는 전략이다. 중간단계를 1개 제거할 때마다 채찍효과는 반으로 줄어든다.

ELIM(Eliminate)

공급사슬의 한 단계를 제거하는 전략이다. 각 단계 의사결정자의 휴리스틱이 채찍효과에 상당한 영향을 미치기 때문에, 하나의 단계를 줄이면 채찍효과는 상당한 비율로 줄어든다. 일반적으로 한 단계가 추가될수록 채찍효과가 2배 증가한다. 3단계가 되면 8배가 되고, 4단계의 공급사슬이면 청구량의 분산이 16배가 된다. 따라서 한 단계를 줄이면 50%의 채찍효과를 줄이는 효과를 거둘 수 있다. 스마트 군수는 중간단계를 모두 없애는 전략을 수행해야 할지도 모른다.

★★★★★

05

리드타임을 줄여라? VS 리드타임을 없애라?

SMART LOGISTICS

필자가 언젠가 진행했던 군수 혁신 세미나에서 이런 질문을 했다. '사용자 대기기간은 어느 정도가 적당하다고 생각하는가?' 그 자리에는 육군 공급사슬의 각 단계별 실무자부터 사용자까지 모두 위치해 있었다. 근무 중인 공급사슬의 단계와는 무관하게 대답은 1~10일로 천차만별이었다. 어느정도가 적당해 보이는가?

리드타임에는 다양한 종류가 있으며, 어떠한 리드타임도 전체 리드타임에 대한 공헌도는 동일하다. 모든 단계에서의 리드타임은 일반적으로 정보 리드타임, 의사결정 리드타임, 배송 리드타임으로 구성된다. 각각이 10일이면 전체 리드타임은 30일이며, 각 리드타임을 1일 단축하면 전체 리드타임이 1일 줄어든다. 효과는 같으나 리드타임 감축에 필요한 비용은 다르다. 정보보다는 의사결정, 의사결정보다는 배송 리드타임을 줄이는데 비용이 많이 든다. 그래서 리드타임 감축은 정보, 의사결정, 배송 순으로 이루어진다.

각 사단에서 청구량을 정해서 군지사로 보낸다고 가정하자. 이때, 군지사는 각 사단 청구량을 바로 처리할 것인지 아니면, 일정 기간 동안 모아서 처리할 것인지 결정한다. 청구량이 발생하자마자 배송지시를 내리게 되면, 우선순위가 낮은 사단에 청구량이 배치될 위험이 있다. 인근 사단에 한꺼번에 배송하여 수송비를 줄이려면 일정 기간 기다리는 것이 유리하다. 이러한 점 때문에 군지사는 1일 단위 또는 1주일 단위로 청구량을 묶어서 처리한다. 이러한 효율성 제고를 위한 노력이 리드타임을 길게 만든다. 어떤 사단이 월요일에 청구하였는데, 군지사가 금요일에 배송 의사결정을 내린다고 한다면, 이 사단의 리드타임은 5일을 대기시간에 소비하고 만다.

리드타임을 줄이려면 이러한 배치(batch, 묶음) 형태의 주문처리는 지양해야 한다. 쿠팡은 소비자에 대한 리드타임을 줄이기 위해 "한 번에 한 손님만" 정책을 고수하고 있다. 쿠팡은 배송센터를 전국에 늘리

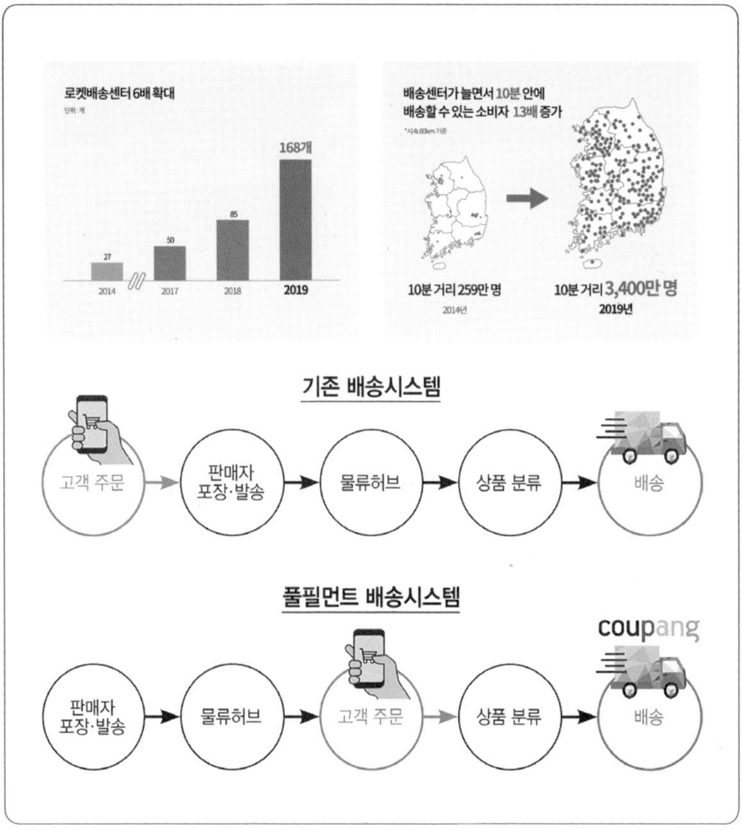

배송업체 쿠팡의 물류 시스템

출처: 충청리뷰(21.05.20.), 쿠팡의 물류중심지 '청주'.

고, 물류허브에 미리 물건을 가져다 놓는다. 앞에서 살펴본 풀 시스템의 대응지점이 고객과 가까워져있는 시스템이다. 이는 강력한 수요예측을 바탕으로 한다.

민간의 물류센터 기능을 군수사에서 담당하고, 군지사와 사단 등의 중간 단계를 모두 제거하고, 사용자에게 바로 배송하는 시스템을 만들 경우를 스마트 군수의 모습이라고 가정하자. 이때 군수사에서는 어떻게 구매, 저장, 배송 작업이 이루어져야 리드타임을 줄일 수 있는지 살펴본다.

우선 군수사에서 각종 물건을 받을 때, 최종 사용자 이름(또는 번호), 주소가 적힌 박스나 포장을 이용하여 받아야 한다. 군수사는 물건을 받자마자 최종 목적지별로 분류한다. 목적지별로 취합된 물건들을 하나로 묶어야 한다. 이때 팔레트를 사용해야 한다. 목적지에 도착한 물건들을 최종사용자에게 나눠줘야 한다. 이를 개념도로 만들어 보면 다음과 같다.

〈크로스도킹을 이용한 스마트 군수 시스템〉 그림은 3개 품목(A, B, M)을 3명의 사용자(1, 2, n)에게 배송하는 방식을 설명하고 있다. 원천지(From; 예를 들면 생산업체)에서 목적지별로 구분 포장된 제품을 중간에 위치한 크로스도킹(cross-docking)에 내려놓는다. 반대편에는 목적지로 운송할 트럭이 정박해 있다. 1번 목적지(1번 사용자)로 향하는 품목(A1, B1)을 취합한다. 중간에 있는 크로스도킹은 주로 컨베이어 벨트에 의해 움직인다. 위의 그림은 단순하지만 실제 적용하려면 쉽지 않다. 품목 수가 수십만 가지가 될 것이고(M), 사용자는 50만 명 이상이다. 이를 수작업으로 진행시키는 것은 불가능에 가깝다. 이는 자동으로 처리되어야 한다.

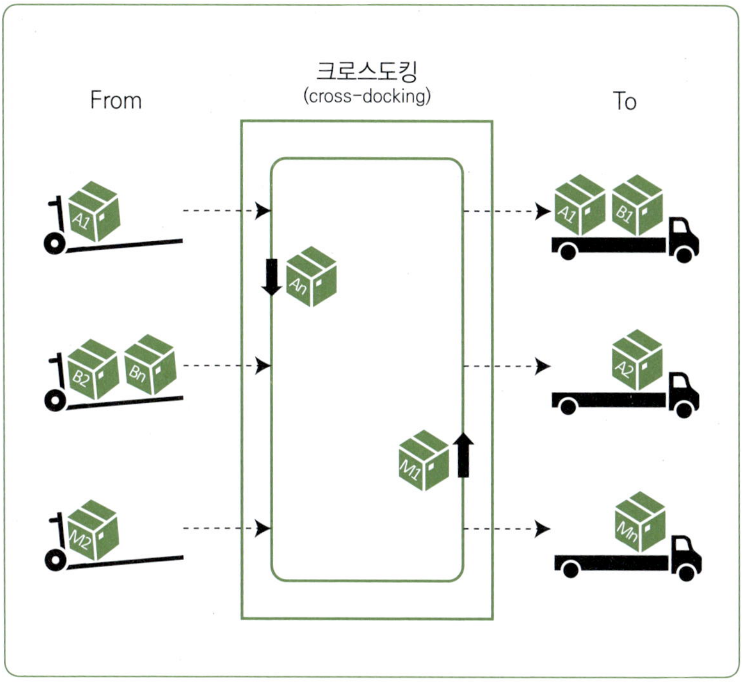

크로스도킹을 이용한 스마트 군수 시스템

군수사 — 군지사(군지여단) — 사단 — 개인의 개념을 군수사 — 개인으로 축소시킨 개념이다. 이때 To에 위치한 개별 박스에는 청구한 개인별 물품이 담기게 된다.

〈국내의 한 택배사에서 운영 중인 자동분류장치〉 사진은 국내 물류업체가 사용하고 있는 자동분류기이다. 중간에 위치한 컨베이어 벨트를 박스가 흘러간다. 목적지에 해당되는 칸이 있으면 중간에 사선으로 된 가드가 나와서 분류한다. 이 과정은 바코드나 RFID에 의해 작동된다.

국내의 한 택배사에서 운영 중인 자동분류장치

유니타이제이션

목적지별로 여러가지 물품을 묶는 작업을 의미한다.

이런 작업이 가능하려면 낱개 단위로 포장이 이루어져야 한다. 군수사에서 대량으로 구매하여, 일일이 목적지별로 분류하여 박스를 만들면 상당한 시간이 소요된다. 예를 들어 새로 개선된 군화를 전군에 보급할 때, 한꺼번에 50만 켤레를 주문하여 받아서 분류하는 것이 아니다. 업체에서 1사단 — 1연대 — 1대대 — 1중대의 김아무개 앞으로 전달될 포장된 군화가 군수사로 들어와야 한다. 중대에서 나눠줄 것이라면, 해당 중대별로 큰 팔레트를 만들어 각종 박스들을 쌓아야 한다. 하나의 팔레트에 다양한 제품들을 목적지별로 쌓아 하나로 묶는 작업을 유니타이제이션(unitization)이라고 한다. 나무 팔레트 위에 다양한 제품들이 하나로 묶여 있다. 팔레트에 하나로 묶는 이유는 취급을 빠르게 하기 위해서다. 여러 품목을 한 목적지로 안전하게 싣기 위해서는 비닐로 된 랩으로 둘러치는 것이 좋다. 수송 중에 흔들림을 방지하여 손상을 막을 수 있다.

군에서는 당장에는 필요 없지만 미래 소요를 위해 가지고 있는 품목들이 있다. 특히 수리부속품의 경우에는 고장이 언제 발생할 지 몰라서 공급자로부터 몇 개를 미리 사두고 수요에 대비한다. 이때는 공급업체로부터 최종 목적지가 적힌 박스에 담아 받을 수는 없다. 따라서 군수사에서 낱개 단위로 박스에 담는 기능을 수행할 수 있어야 한다. 이때 중점을 둬야 하는 것은 제품에 대한 리스트, 목적지에 대한 리스트 작업이 이루어져야 한다. 목적지가 애매해선 안 된다. 정확하게 담당자 이름과 연락처까지 표기되어야 한다. 인사 이동 등 변화가 잦은 상태에서 리스트를 갱신화하는 작업 또한 매우 어려운 일이다. 당연히 자동화되어야 한다.

★★★★★

06

불안하면 합쳐보자

SMART LOGISTICS

전투함이 100대가 있는데 그 엔진이 모두 동일하다고 가정하자. 1번 함의 엔진이 내년에 고장이 발생한다는 확신이 있고, 실제로 그렇게 된다면 1번 함을 위한 엔진 부품을 미리 구매해 놓는 것이 합리적이다. 그런데 이런 고장 확률은 확실한 것은 아니다. 각각의 고장확률을 계산하였더니 1% 안팎이다. 1%라고 가정한다면 여러분은 엔진부품을 몇 개나 준비해야 할까? 각 함정을 운영하는 입장에서는 1%의 확률이라도, 없으면 함정 운영에 부정적인 영향을 미칠 수 있으므로 최소치인 1개를 확보해야 한다. 그러면 함정 100대에 1개씩이니 100개의 부품을 필요로 한다. 확률에 기반하여 구매한다면 100대의 1%를 고려하여 1개의 부품만을 구매해도 충분할 수도 있다. 이런 식의 계산에선 아무리 많이 보유한다고 해도 10개를 넘기기는 힘들 것이다.

개별 함정의 고장과 같은 독립수요에 대처하는 방법 중 불확실성을 한 데 모아서 대처하는 방법이 풀링(pooling)이다. 이런 수요/소요에 대비하기 위해서는 전체를 아울러서 의사결정을 할 필요가 있다. 이를 풀링이라고 하는데 풀링에는 여러 가지 유형이 있다. 모두 유연성을 확보해야 운영할 수 있는 전략이다. 여기서는 로케이션 풀링과 캐

A지역 Normal(100, 100) Lead-time = 4days	**B지역** Normal(200, 100) Lead-time = 9days
C지역 Normal(300, 100) Lead-time = 9days	**D지역** Normal(400, 200) Lead-time = 4days

로케이션 풀링의 예시 상황

Normal(100, 100)은 수요가 평균 100, 표준편차 100인 정규분포를 따른다는 의미이다.

퍼시티 풀링에 대해서만 살펴본다.

로케이션 풀링(location pooling)이란, 지역 등을 한 데 뭉치는 전략이다. 분산되어 있는 군수기지를 통합하였을 때 효과를 살펴본다고 이해하면 쉽다. 예를 들어보자. 4개의 지역이 있고, 각 소요의 평균과 표준편차는 〈로케이션 풀링의 예시 상황〉 그림과 같다.

A지역에서 D지역 담당자들은 모두 95%의 수요/소요를 재고를 가지고 충족하려고 한다. Normal(100, 100)은 수요/소요의 일별 분포가 정규분포이며, 평균=100, 표준편차=100이라는 뜻이다. Lead-time=4days는 청구하여 사용가능할 때까지의 시간이 4일이라는 의미다.

A지역 담당자가 Q시스템을 활용하고 있다면, 안전재고는 얼마인가? 안전재고는 수요와 공급의 불확실성에 대비하여 항상 보유하고자 하는 재고량이다.

안전재고량을 구하는 공식은 다음과 같다.

$$\text{Safety stock} = z\sigma\sqrt{\text{lt}}$$

이 공식에 A지역의 모수들을 대입해보면

$$2 \times 100 \times \sqrt{4} = 400$$

즉 A지역에서는 안전재고로 400개를 보유해야 한다.

지역	안전재고공식
A	$2 \times 100 \times \sqrt{4} = 400$
B	$2 \times 100 \times \sqrt{9} = 600$
C	$2 \times 100 \times \sqrt{9} = 600$
D	$2 \times 200 \times \sqrt{4} = 400$
Total	2,000

하나의 제품에 대해 각 지역의 안전재고량을 합하면 2,000개를 보유하게 된다. 4개 지역을 하나로 합하면 어떤 결과가 나오는지 계산해본다.

4개 지역의 수요가 모두 정규분포를 따른다고 가정하였으므로 전체 평균은 각 지역의 평균을 더하면 된다. 하지만 안전재고량을 구할 때 평균수요는 의미가 없다. 표준편차는 그냥 더하면 안 되지만 분산은 더할 수 있다. 따라서 100을 제곱한 10,000과 200을 제곱한 40,000, 100인 지역이 3군데, 200이 한 군데이므로, 70,000이 전체 분산이 된다. 즉 전체 지역에서의 수요의 표준편차는 약 265개이다. 4개 지역의 리드타임은 4일과 9일이다. 최소 리드타임과 최대 리드타임을 각각 적용하여 전체 안전재고를 계산하면 다음과 같다.

최소 리드타임을 적용할 때 = $2 \times 265 \times 2 = 1{,}060$개

최대 리드타임을 적용할 때 = $2 \times 265 \times 3 = 1{,}590$개

최대 리드타임을 적용하더라도 1,590개로 분할된 상태에서의 전체 안전재고량 2,000개보다 훨씬 줄었다. 최소 리드타임을 적용하면 절반 가까이로 줄어든다. 이러한 원리를 군수에 적용할 수 있다. 군수사에서 모든 수리부속을 통합 관리한다. 각 기지나 사단에서 필요한 수리부속을 배송하는 형태를 띄면 된다.

로케이션 풀링이 군수기지의 통합시 재고감소 효과를 얻을 수 있는 방법인 반면 캐퍼시티 풀링(capacity pooling)은 정비부대에 소분화되어 있는 각 기능반의 능력을 통합하는 개념으로 이해할 수 있다. 정비기능을 보다 효율적으로 관리하기 위해 캐퍼시티 풀링을 활용해야 한

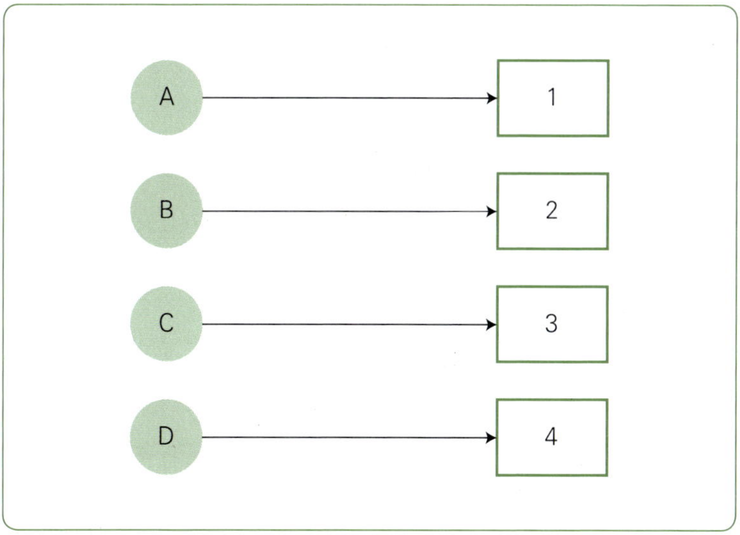

전용화 공장의 예시

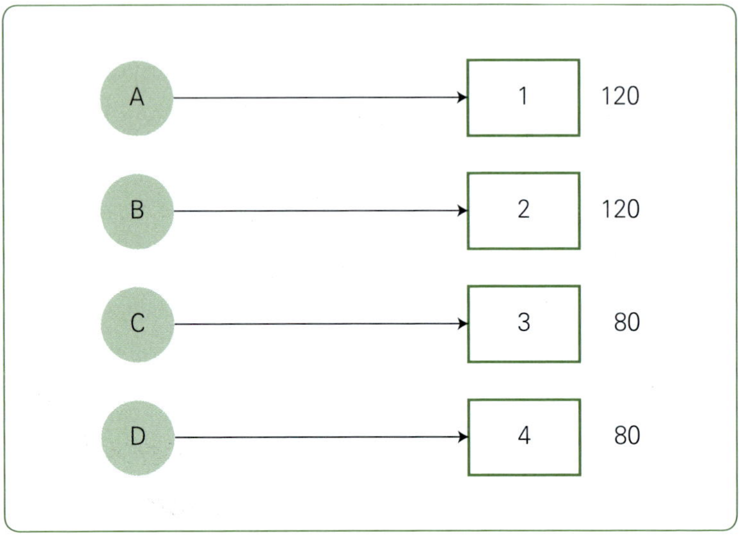

전용화 공장의 능력과 불일치한 정비소요 발생 예시

다. 캐퍼시티 풀링 역시 분산을 모아서 관리하는 방식이라는 점에서 로케이션 풀링과 유사하다. 캐퍼시티 풀링의 예를 들어보자.

A, B, C, D 정비공장에서 각각 1, 2, 3, 4장비를 고친다. 전용화된 정비공장이다. 각 장비의 정비소요는 1달에 평균 100건이다. 그래서 각 정비공장의 정비능력 또한 100건에 맞춰져 있다. 정비소요는 평균 100을 중심으로 적을 수도 있고, 많을 수도 있다. 하지만 정비능력은 100을 초과할 수 없다. 이러한 상황에서 다음과 같은 정비소요가 발생하였다.

A공장과 B공장은 정비능력의 한계로 1장비와 2장비를 각각 100개

씩 정비한다. 반면에 C공장과 D공장은 정비능력이 100개이지만 소요가 80밖에 발생하지 않았기에 각 공장은 80개씩 정비한다. 이때 전체 공장의 가동률은 360/400 = 90%가 된다.

각 공장에서 모든 장비를 정비할 수 있도록 설비를 마련하고 훈련을 시킨다면 〈풀 풀링의 예시〉 그림과 같은 개념도가 만들어진다. 모든 공장에서 모든 정비를 수행할 수 있는 능력을 갖춘 형태를 풀 풀링(full pooling)이라고 한다. 이때는 위에서 나왔던 400개의 소요를 4개의 공장에 할당할 수 있다. 어떤 장비를 누가 할 것인지 다양한 대안이 가능하지만 공장의 능력 400과 소요 400이 동일하므로 모든 소요

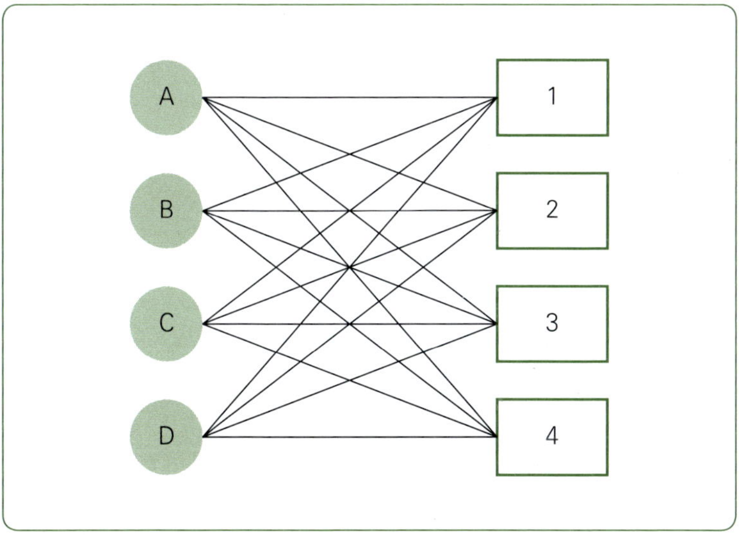

풀 풀링의 예시

를 처리할 수 있다. 그런데 문제는 모든 공장이 모든 장비를 정비할 수 있도록 하려면 비용이 발생한다. 범용화된 설비도 마련해야 하고, 정비사들에 대해서도 많은 훈련을 시켜야 한다. 엔진 정비사에게 레이더를 수리하라고 하면 많은 교육훈련 비용이 발생할 것이다.

그러면 다음과 같은 대안도 모색할 수 있다. A공장에서 1장비와 2장비를, B공장에서 2장비와 3장비를, C공장에서 3장비와 4장비를, D공장에서 4장비와 1장비를 정비하게 훈련시키는 것이다. 한 공장에서 두 가지 일을 하게 하는 유연성을 확보하면 한 공장에서 네 가지 일을 하는 경우와 유사한 수준의 정비능력을 확보할 수 있다. 이와 같이 부분

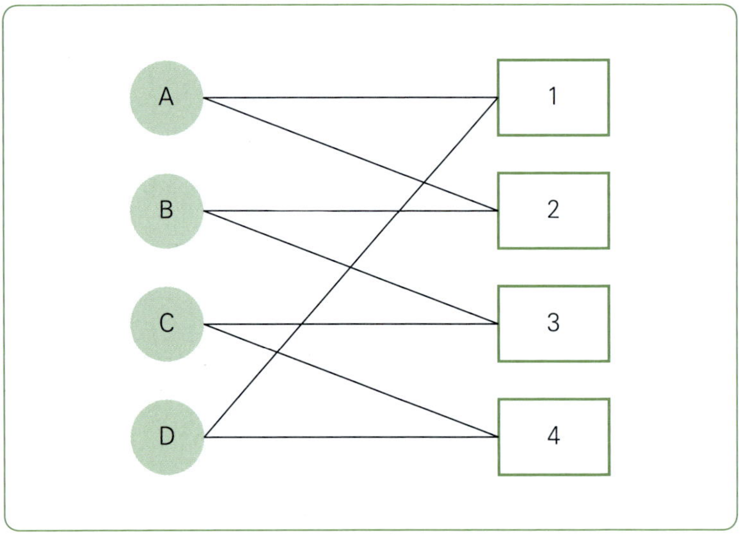

부분풀링의 예시

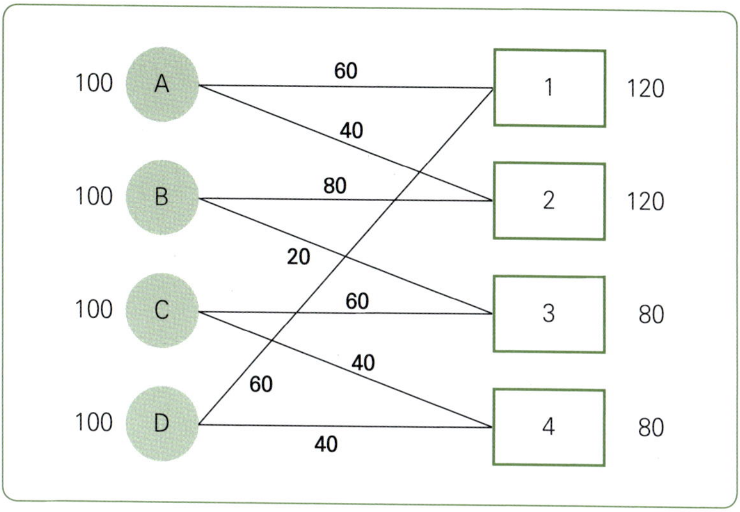

부분풀링의 작동 예시

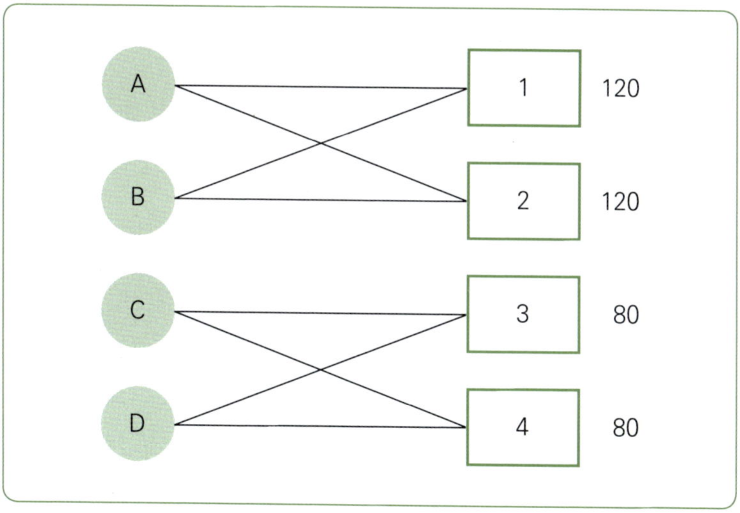

부분풀링의 작동 예시2

유연성을 어떻게 연결할 것인가도 중요한 문제이다.

적으로 능력을 공유하는 형태를 부분풀링(partial pooling)이라고 한다.

한 공장에서 두 장비를 정비한다고 해서 위와 같은 결과를 기대할 수는 없다. 〈부분풀링의 작동 예시2〉도 2-유연성 공장의 경우이나 공장 가동률은 낮다. 어떻게 연결하는지도 중요한 문제다.

2-유연성 정비 디자인은 일반적인 직무설계에도 유용하게 사용될 수 있다. 군에서는 특정인에게 특정업무가 할당되는 경우가 많다. 한 사람이 한 가지 업무를 전담하게 하면 유연성이 떨어지고 결과적으로 성과가 저조해진다. 특정인이 훈련이나 휴가를 받는 경우 조직 전체가 마비되기도 한다.

★★★★★

07

불확실성에 대처하는 자세, 리질리언트

SMART LOGISTICS

캐퍼시티 풀링에서 살펴본 바와 같이 조직은 유연성을 가지고 있어야 리질리언트해진다. 이 리질리언트 개념은 불확실성이 팽배한 현대 사회에서 조직이 반드시 가져야 하는 특성이다. 특히 군과 같이 전쟁이라는 불확실한 상황에 대처하기 위해서는 리질리언트가 필수적이라고 할 수 있다. 4차산업 혁명 기술을 접목하여 스마트한 군수가 되려면 리질리언트해야 한다.

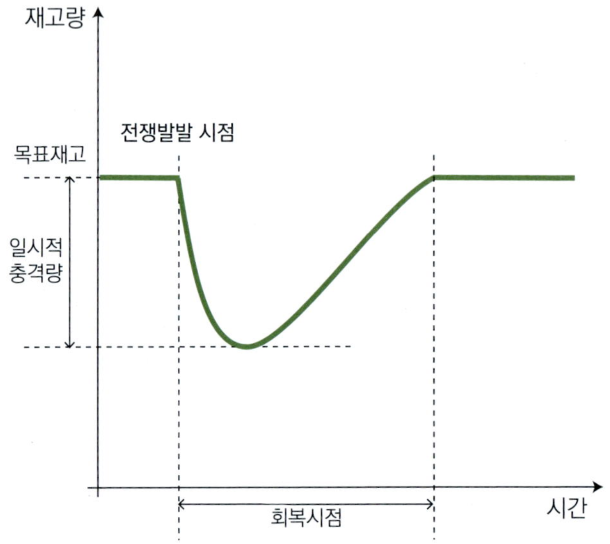

이상적인 형태의 리질리언트

리질리언트는 충격에 유연하게 대처한다는 점에서 강함(strong)과는 구별될 필요가 있다. 외부 충격이 있을 때 변하지 않는 속성을 강함이라고 할 때, 리질리언트는 충격을 받은 뒤 원래 상태로 되돌아오는 능력을 말한다. 리질리언트 개념은 재고관리에서 잘 설명된다.

〈도입량이 사용량을 초과한 경우의 재고 변화〉 그림에서 목표재고는 군수에서 전쟁 등 불확실한 요소에 대응하기 위해 평시에 가지는 재고량이다. 품목에 따라 차이가 있지만 30일치, 60일치에 해당하는

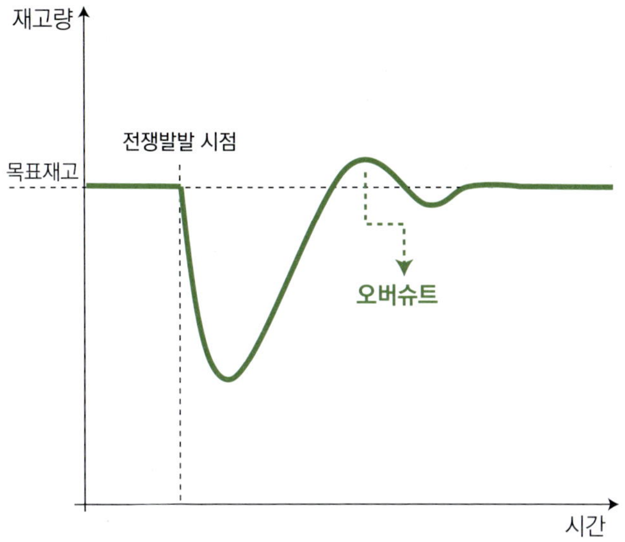

도입량이 사용량을 초과한 경우의 재고 변화

값이 목표재고이다. 〈도입량이 사용량을 초과한 경우의 재고 변화〉 그림은 매우 이상적인 형태이다. 목표재고값이 충분하여 일시적 충격량을 흡수하고도 0이하로 떨어지지 않았다. 그리고 일정기간 지난 다음에 목표재고값으로 회복되었다.

리질리언트하기 위해서는 목표재고량이 일시적 충격량을 흡수하고 남아야 하며, 회복기간이 짧아야 한다. 만약 목표재고량이 일시적 충격량을 흡수하지 못하면 곤란한 상황이 발생한다.

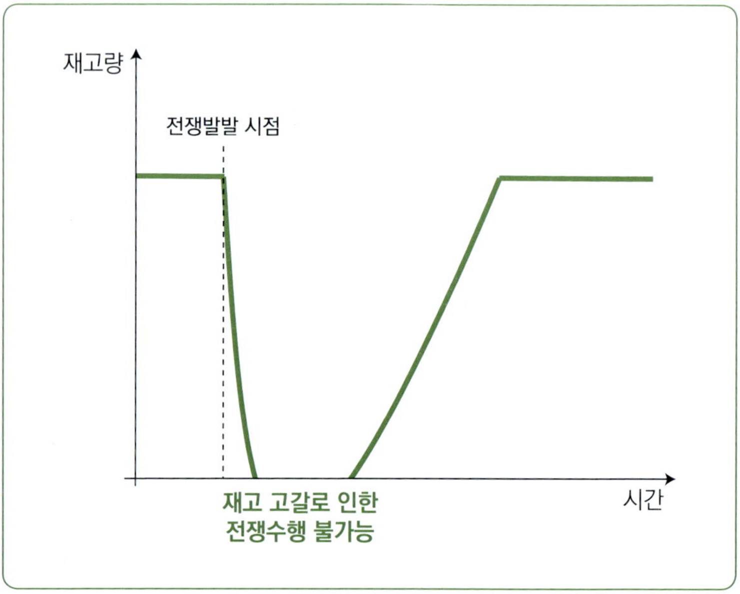

사용량이 도입량을 초과한 경우의 재고 변화

목표재고량이 충격을 흡수하지 못하면 재고 고갈이 발생한다.

재고고갈 사태가 하루라도 발생하면 안 된다. 〈사용량이 도입량을 초과한 경우의 재고변화〉 그림이 총알이라고 가정해보자. 재고고갈된 부분에서는 추가적인 총알 보급없이 전쟁을 수행해야 한다. 복원력 관련 규정을 살펴보면 목표재고의 50% 이하일 경우 수비로 전환하는 것으로 되어 있다. 하물며 0이 되면 전쟁수행 불가능 상태에 빠지게 된다. 추후에 아무리 많은 재고가 들어와도 무용지물이다. 군의 재고량 결정에서는 이렇게 재고고갈이 절대 일어나지 않도록 설계되어

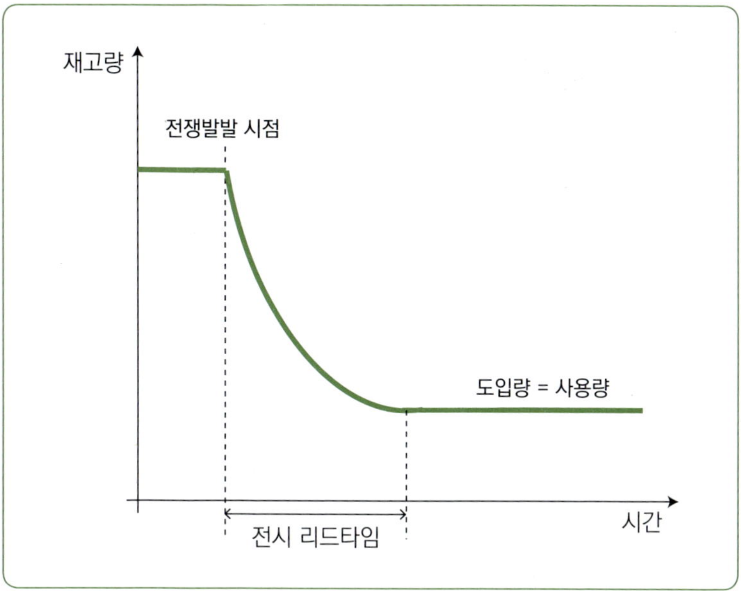

전시 사용량을 정확히 예측한 경우의 재고 변화

야 한다. 그런데 100%는 확률적으로 불가능하다. 이에 대한 논의가 있어야 한다.

회복기간 중에 우상향 선이 있다. 이 기울기는 도입량이 사용량에 따라 달라진다. 전시 사용량을 정확히 예측하여 도입하면 〈전시 사용량을 정확히 예측한 경우의 재고 변화〉와 같이 재고량이 변한다.

복원력을 가지려면, 즉 리질리언트하려면 도입량이 사용량을 초과하여야 한다. 낮은 재고수준을 보이면 괜찮지 않을까 생각하지만, 전쟁이나 불확실성이 한번만 오고 종식되는 것은 아니다. 다시 올

수 있는 상황에 대비해야 한다. 따라서 복원할 수 있는 능력을 갖추어야 한다. 그런데 도입량이 사용량을 초과하면 또 다른 문제가 발생한다.

전시 리드타임이 0이 되지 않는 한 오버슈트(overshoot)는 발생할 수밖에 없다. 이 크기가 〈도입량이 사용량을 초과한 경우의 재고변화〉 그림에 나와있는 것보다 훨씬 클 수 있다는 점이 우려된다. 오버슈트는 다른 곳에서 사용될 수 있는데 사용하지 못하는 비효율적인 요소이다. 0으로 만들 수는 없겠지만 줄이도록 해야 한다. 오버슈트는 사람이 의사결정을 내릴 경우 더 커질 가능성이 농후하다. 의사결정 과정에서 인간의 휴리스틱이 발동되기 때문이다.

리질리언트한 군수를 만들기 위한 몇 가지 전략을 소개한다. 군수에서 속담처럼 내려오는 말이 있다. “없는 게 문제다. 있으면 어떻게든 된다.”이다. 전쟁이 발생하였을 때 필요품목을 가지고 있지 않으면 만들어내야 한다. 군은 생산자가 아니므로 국내외에 있는 군납업체가 만들어야 한다. 소싱(sourcing)이 핵심적인 문제가 된다. 리질리언트한 군수를 위해서는 듀얼소싱(dual sourcing)과 오프쇼링(off-shoring)에 대한 비중을 높여야 한다.

군에서는 일단 물건이 들어오고 난 다음에 이를 어떻게 배송할 것인지에 군수기능의 초점을 두고 있는 것 같다. 이를 어떻게 획득, 구매할 것인지에 대한 것은 대부분 방위사업청과 조달청에 기능이 넘어간 듯하다. 하지만 사용자 부대에서의 직납(direct shipment) 비중이 현격

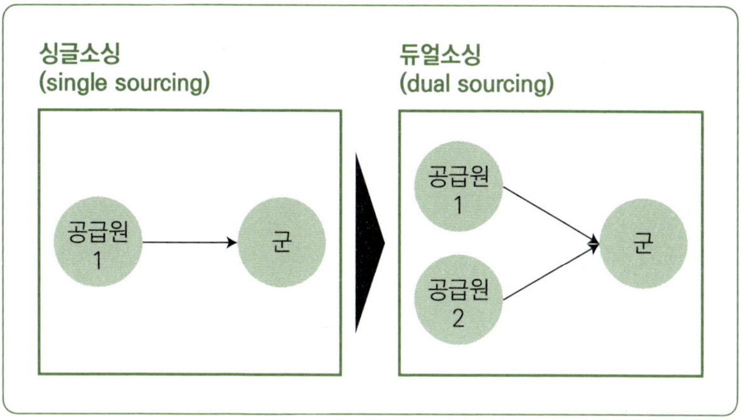

싱글소싱과 듀얼소싱의 차이

히 높아지고 있기 때문에 듀얼소싱의 문제는 모든 영역에서 고려되어야 한다.

단일 공급원인 경우 충격에 약할 수밖에 없다. 단일 공급원은 대안이 없기 때문에 협상력이 높아진다. 그리고 만약 어떤 문제가 발생하여 공급하지 못하는 일이 벌어지면 그 충격을 오롯이 군이 떠안아야 한다. 전시 상황에서는 이러한 일들이 더 많이 벌어질 것이다. 따라서 평시에도 듀얼소싱 체제로 가야 한다.

현실에서는 듀얼소싱으로 가고 싶으나 가지 못하는 상황이 발생한다. 우선 매우 다양한 품목이 존재하는 가운데, 특정 품목을 만드는 생산자가 복수가 되지 않을 가능성이 크다. 규모의 경제성을 발휘할 수 없을 정도로 작은 영역에서 새로운 공급원을 찾기가 쉬운 일은 아니다. 그리고 저가입찰계약 방식 또한 듀얼소싱을 방해한다. 가격과 수량을 동시에 고려한 계약방식을 적극 활용할 필요가 있다. 두 공급원을 선정할 때 그 비중을 얼마로 할 것인지는 해당 산업의 경험과 지식에 기반해야 한다. 5대 5가 좋을지 7대 3이 좋을지는 가격, 마진구조, 요구량, 성장가능성 등에 따라 달라지기 때문에 확정할 필요는 없다.

공급원을 늘릴 때 해외업체를 적극 확대할 필요가 있다. 한국의 많은 기업들이 인건비 문제로 동남아시아로 진출하였다. 전투복, 전투화 등 전통적인 가먼트(garment) 기업들은 한국에서의 생산비용 증가를 견디기 힘들다. 그런데 전쟁이 발발하면 전방이든 후방이든 적의 공격에 생산시설이 파괴될 수 있다. 국내에 있는 업체들에 한정하여 소싱이 이루어진다면 생산이 불가능한 상황이 발생할 수 있다. 따라서 해외에 진출해 있는 한국 기업들의 생산시설을 적극적으로 활용해야 리질리언트할 수 있다. 따라서 오프쇼링(off-shoring)한 한국기업들을 소싱의 대상자에 포함시켜야 한다.

신남방국가에 관심을 가질 필요가 있다. 중국, 러시아 등이 전시에 우리나라를 도울지는 미지수다. 최근 2~30년 동안 신남방국가로의 오프쇼링이 활기를 띠고 있다. 인도와 신남방국가들은 〈신남방 국가들과 우리나라의 지리적 거리〉 그림에 나온 바와 같이 한국과 지리적으로 멀지 않다. 대부분 5,000km 이내에 위치하고 있다.

이들 국가들의 주요 도시들에서 한국으로 선박항해를 통해 들어오는 데 소요되는 시간과 2020년 기준으로 베트남, 태국, 인도네시아,

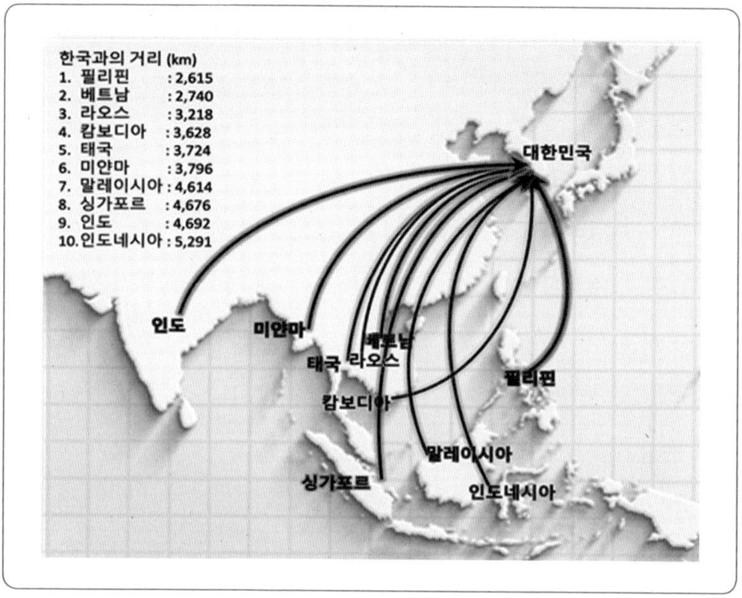

신남방 국가들과 우리나라의 지리적 거리

싱가포르에 진출한 한국 업체수는 〈신남방 주요 국가들로부터의 선박 수입 소요시간〉 표와 같다. 긴급한 물자의 경우 항공을 통한 수입도 가능하며 이때는 선박항해 소요시간의 항해기간이 반나절 수준으로 감소한다. 인도와 인도네시아 등의 국가는 총 40여 일이 소요된다. 필리핀의 경우 20일이면 가능하다. 군수품의 종별로 다른 업체수를 나타낸다. 피복류의 경우 인도네시아 진출 기업이 월등히 많다. 의약품의 경우 싱가포르에 진출한 기업이 많았다. 주목할만한 점은 군수품의 대부분을 신남방 국가를 통해 수입할 수 있다는 것이다.

<table>
<tr><th colspan="2" rowspan="2">국가명</th><th colspan="4">선박항해 단계별 소요시간(일)</th><th rowspan="2">계(일)</th></tr>
<tr><th>포장/
선적</th><th>선박
항해</th><th>통관</th><th>자국 내
운송</th></tr>
<tr><td colspan="2">필리핀 마닐라</td><td>7</td><td>4</td><td>4~5</td><td>3~4</td><td>18~20</td></tr>
<tr><td rowspan="2">베트남</td><td>하노이</td><td>7~10</td><td>7~10</td><td>3~5</td><td>3</td><td>20~28</td></tr>
<tr><td>호치민</td><td>7~10</td><td>10~12</td><td>3~5</td><td>3</td><td>23~30</td></tr>
<tr><td colspan="2">라오스 비엔티안</td><td>7~14</td><td>10</td><td>11</td><td>3</td><td>31~38</td></tr>
<tr><td colspan="2">캄보디아 프놈펜</td><td>7~14</td><td>10</td><td>11</td><td>3</td><td>31~38</td></tr>
<tr><td colspan="2">태국 방콕</td><td>7~10</td><td>10~11</td><td>3</td><td>4~5</td><td>24~29</td></tr>
<tr><td colspan="2">미얀마 양곤</td><td>7~14</td><td>26</td><td>10</td><td>3</td><td>46~53</td></tr>
<tr><td colspan="2">말레이시아 쿠알라룸푸르</td><td>7~10</td><td>10~11</td><td>3~4</td><td>1~2</td><td>21~27</td></tr>
<tr><td colspan="2">싱가포르</td><td>7~10</td><td>8~9</td><td>3~5</td><td>1~2</td><td>19~26</td></tr>
<tr><td rowspan="4">인도</td><td>첸나이</td><td>7~10</td><td>20~21</td><td>3~4</td><td>2~3</td><td>32~38</td></tr>
<tr><td>방갈로르</td><td>7~10</td><td>20~21</td><td>3~4</td><td>4~5</td><td>34~40</td></tr>
<tr><td>푸네</td><td>7~10</td><td>20~21</td><td>3~4</td><td>4~5</td><td>34~40</td></tr>
<tr><td>하이데라바드</td><td>7~10</td><td>20~21</td><td>3~4</td><td>5~6</td><td>35~41</td></tr>
<tr><td rowspan="2">인도네시아</td><td>자카르타</td><td>10~15</td><td>10~15</td><td>10</td><td>1~2</td><td>31~42</td></tr>
<tr><td>수라바야</td><td>10~15</td><td>10~15</td><td>10</td><td>1~2</td><td>31~42</td></tr>
</table>

신남방 주요 국가들로부터의 선박수입 소요시간

출처: 현대해운(2021).

종분류	베트남	태국	인도네시아	싱가포르	업체수
1종(급식류)	106	4	9	—	119
2종(피복류)	22	10	266	—	298
3종(유류)	106	1	5	—	112
4종(건축자재)	94	49	61	17	221
5종(탄약)	—	—	—	—	—
6종(일반수요품목)	多	多	多	多	多
7종(일반장비)	109	94	92	10	305
8종(의약품)	9	1	4	30	44
9종(수리부속)	82	88	64	2	236

신남방 국가에 진출 중인 한국 기업 수의 군수품 종별 분류

6종은 업체수가 특히 많아 多 로 표시

출처: 항공대 물류연구소(2020)를 수정하였음.

★★★★★

08

평균의 종말

SMART LOGISTICS

제품군마다 수요는 다르고, 장비마다 고장이 나타나는 시점은 다르다. 좀 더 세분화하여 한 제품군 안에서 각 제품의 수요 특성은 다르다. 평균과 분산, 추세, 주기 특성이 제각각이다. 장비마다 고장나는 시점이나 그 양이 또한 다르다. 얼마나 개별화시킬 것인가? 개별화된 것의 어떤 특성을 이용할 것인가? 또한 관리할 때 중요하다. 분석 단위는 매우 좁아질 것이고, 보다 다양한 특성에 대해 살펴보고 대처해야 한다.

너무나 많은 집합이라는 것이 존재하기 때문에, 이를 적당한 선에서 묶어서 관리한다. 예를 들어 전투복 상의의 경우 치수에 따라 다섯 가지가 있다. 개별 사이즈별로 수요를 예측하고 재고를 관리하고 있다. 하지만 좀 더 스마트해지면 김일병의 전투복을 언제쯤 교체해야 하는지 예측해야 한다. 현재는 평균으로 묶는 단위가 큰데 점차 좁게 설정되어야 한다.

묶음으로 관리할 때, 어떤 모수(parameter)를 사용하게 되는데, 가장 일반적으로 사용되는 대푯값은 평균이다. 해군에서 운영하고 있는 전투함들의 엔진은 그 종류가 몇 가지로 나뉘는데, 그중 한 종류의 엔

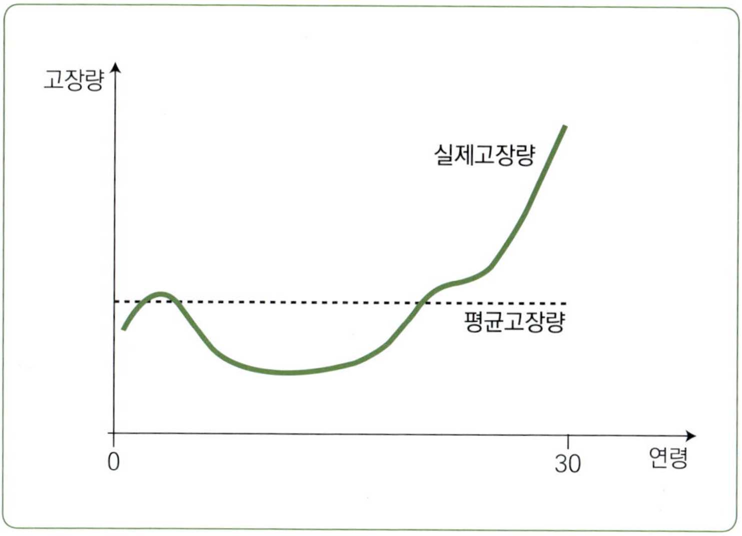

실제 해군함정의 연령별 고장 추세

그래프는 개략적인 형태이다. 자세한 내용은 Moon, H., & Choi, J. (2021). Hierarchical spline for time series prediction: An application to naval ship engine failure rate. Applied AI Letters, 2(1), e22. 에서 확인할 수 있다.

진이 얼마나 자주 고장나는지를 체크해야 다음 번 부품 소요량을 판단할 수 있다. 미리 구매해야 차질없는 작전을 수행할 수 있다.

여기까지는 이견이 있을 수 없다. 그런데 왜 하필 평균만을 이용하느냐에 대한 문제를 지적하고 싶다. 실제 해군 엔진의 고장량을 엔진의 연령(age)에 따라 분포시켰더니 대략 〈실제 해군함정의 연령별 고장 추세〉 그림과 같은 형태로 나타났다. 도입한 초기에는 비교적 고장량이 중간 정도로 발생한다. 그러다가 안정화단계로 접어든다. 연령이 높아지면서 고장이 빈번해지는 과정을 보여준다.

그런데 이런 특성이 나타난다는 것을 알고 있음에도, 우리는 MTBF(Mean Time Between Failures) 개념을 이용한 평균 고장량에 기초를 두고 수리부속 수량이나 정비 일정계획을 수립, 운영하고 있다. 그림에서 보는 바와 같이 초기에는 부품이나 정비 능력이 부족하고, 중반에는 남아돌고, 후반에는 많이 모자라는 현상을 보일 수밖에 없다. 수명이 오래된 함정이 고장이 많이 일어나면 그 시기에는 정비도 자주 해야 하는게 당연하다. 일정하게 발생하지 않음에도 일정하게 발생하는 것을 전제로 관리가 이루어지고 있다.

그나마 평균 고장량이 잘 설정된 경우라면 오차는 작다. 하지만 초기 평균 고장량을 잘못 설정하였다면 적어서 생기는 비용과 많아서 생기는 비용이 많이 발생할 수밖에 없다. 전체를 위해서 부분이 희생될 수밖에 없다는 논리는 여기서는 적용되기 어렵다. 듬성듬성한 그물로 작은 물고기를 잡으려는 시도이며, 잘못된 것이다.

★★★★★

09

과거의 패턴은 미래에도 나타날 것이다.

SMART LOGISTICS

예측(forecasting)에서는 과거의 패턴이 미래에도 이어질 것이라고 가정하는 경우가 많다. 이 가정은 잘못된 것 같다. 한 번도 일어나지 않은 일은 예측할 수 없다는 말이 된다. 100살이 된 사람이 향후 100년 안에 죽지 않을 것이라고 가정할 수 있을까? 이러하 예측의 정확도는 99%에 가까울 것이다. 이 노인이 100살 때까지 죽지 않았기에 과거의 패턴을 볼 때, 향후 100년이 되어도 죽지 않을 것으로 예측하는 것이 이 가정 하에서는 옳다. 그러나 사람은 죽는다. 따라서 이 가정은 잘못된 것이다.

군에서는 이 가정을 잘 지키고 있다. 맹신에 가까울 정도다. 어떤 수리부속이 있다. 얼마나 고장날 지를 예측하여 적정 개수를 미리 구매해야 한다. 고장이 발생했는데 재고가 없으면, 긴 리드타임으로 무기나 장비 자체를 가동할 수 없는 상황이 벌어진다. 이 수리부속은 평균 18개월에 한 번씩 고장 나는 것으로 가정하자. 평균이기에 17개월에 30%, 18개월에 40%, 19개월에 30%의 고장확률을 가지고 있다. 이 수리부속이 들어가는 무기체계는 총 100대이다. 2021년 1월 1일에 100대를 한꺼번에 들여왔다. 군에서는 초기 3년 동안 사용할 수리부속을 선구매하고 있다. 즉 200개를 선구매하였다. 실제 고장은 예상대로 22

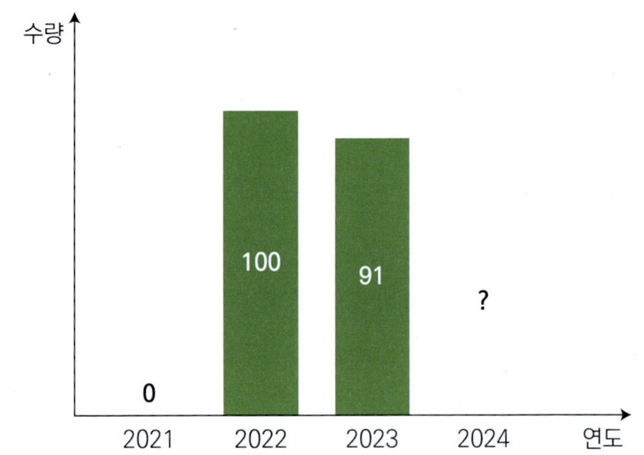

평균 18개월의 삼각분포를 따르는 고장간격에 따를때 발생하는 고장량

년 5월, 6월, 7월에 30, 40, 30대에 고장이 발생하여 교체하였다. 21년에는 0개, 22년에는 100개, 23년에는 91대만이 발생하였다. 22년 7월에 교체한 30대 중 30%에 해당하는 체계는 24년 1월에 발생한다. 조금 복잡한데 이는 무시해도 좋다.

연도별로 살펴볼 필요가 있다. 21년 0, 22년 100, 23년 91개이다. 여러분은 23년 12월 31일에 예측하여 24년 1월 1일에 들여온다고 가정하자. 얼마를 들여오는 것이 맞는가? 과거의 패턴이 미래에도 이어진다는 단순 가정 하에서 의사결정을 내린다면 말이다. (0+100+91)/3을 이용한다면, 이는 평균을 활용하는 방법인데, 약 64개라고 예측할 것이다. 하지만 위의 논리대로라면 고장나서 필요한 것은 9개일 뿐이다. 정말 말도 안 된다고 생각하겠지만 대다수 조직에서는 이렇게 예측하고 있다. 과거 패턴을 그대로 이어질 것이라는 가정 하에서 사용하는 수요예측법에는 이동평균법, 지수평활법, 최소자승법 등이 있다. 모두 종별 구분없이 군에서 많이 활용되는 방법들이다.

그럼 왜 이런 말도 안 되는 상황이 재연되는 것인가라고 의구심을 가질만 하다. 답은 잘 모르기 때문이고, 잘 알고 싶지도 않기 때문이다. 정교한 수학이 바탕이 되는 예측방법을 아는 사람도 별로 없고, 예측방법을 적용하는 사람들은 이를 잘 알려고 하지도 않는다. 예측은 그저 과거에 일어난 사건을 보고 그와 유사하게 나타날 것이라고 볼 수밖에 없고, 틀리는 건 신의 영역이라고까지 생각한다. 그리고 자신들이 얼마나 못하고 있는지 대외적으로 알리려고 하지 않는다. 잘못된 의사결정이 들킬까 의무 자료보관기간이 경과하면 되도록 폐기하기를 원한다.

그런데 왜 이런 잘못된 것들이 잘 드러나지 않는가라는 생각을 할 수도 있다. 그것은 재고 때문이다. 잘 예측하기 어렵기 때문에 무조건 많이 주문한다. 재고가 없는 경우는 문제가 되지만 재고가 남는 경우는 문제가 덜 된다. 간혹 "왜 이렇게 사용하지도 않는 재고를 많이 가지고 있는가?"라고 질문이 들어오면, 군의 특성상, 전쟁에 대비해야 하기 때문이고, 이 부속이 하나 없으면 저 비싼 무기를 작동할 수 없기 때문이라고 답한다. 이런 답이 틀린 것은 아니다. 이 때문에 개선의 여지가 없다. 재고가 많다는 걸 이상하게 여기는 사람 역시도 그런가 보다 할 수밖에 없다. 그리고 위 수리부속과 같은 경우(일정 기간을 두고 고장이 발생하는 경우), 대략 30년이 지나면 평균으로 평준화가 이루어진다. 그래서 67개라고 하면 정확도가 매우 높아진다. 문제는 그 정도 정확도가 높아지는 시기는 제품이 도태된 다음이 아닐까 하는 걱정이 된다. 시간이 지날수록 평균을 이용한 예측법의 정확도가 높아지니까 개선의 필요성은 낮아진다.

과거가 없는 경우는 어떻게 해야 할까? 신제품을 도입하거나, 신무기를 새로 배치할 경우 그 고장확률을 예측할 자료가 없다. 이 경우에는 당연히 유사장비의 과거 실제 데이터를 가지고 와야 한다. 또 문제가 있다. 과거 실제 데이터가 없다. 데이터를 모으지 않고 계속 파기하기 때문이다. 있어도 노이즈가 잔뜩 들어 있어서 정제해야 한다. 실제 발생한 시기와 수량 등에 대한 데이터를 체계적으로 노이즈 없이 모은 것인지 검증부터 해야 한다. 누군가는 가지고 있을 것이라고, 어딘가에는 있을 것이라고 생각하지만, 이를 사용하려는 사람 입장에서는 이러한 막연함이 사용을 불가능하게 만든다. 지금부터라도 시작해야 하지 않을까 생각한다. 늦었다고 생각할 때가 가장 이른 것이라는 말도 있지 않은가? 어떤 데이터를 어느 정도 모아야 하는지 묻는다면, 닥치는 대로 모두 모아야 한다. 이에 대해선 다음 절에서 설명한다.

수많은 요인이 예측하고자 하는 것(이하 예측량)에 영향을 미친다. 과거에도 그렇고 미래에도 그렇다. 시간이 지나면서 어떠한 영향요인이 어떻게 작동될지 모르기 때문에 가까운 것의 정확도가 높다. 그런데 이 말을 왜곡해서 과거 데이터에도 동일한 양상이 일어날 것이라고 속단한다. 즉 가까운 과거 영향요인의 가중치가 먼 미래의 가중치보다 높다고 판단한다. 결론은 안 된다.

분석해본 다음에 결정해야 한다. 1년에 한 번씩 영향을 미치는 요인이 있을 수도 있고, 1달에 한 번 영향을 미치는 요인이 있을 수도 있다. 크리스마스라든지 여름에 있는 훈련이라든지 어떤 이벤트(event)가 예측하고자 하는 양에 큰 영향을 미칠 수 있다. 따라서 과거 데이터가 많을수록 그 영향요인을 잘 살펴볼 수 있다.

일단 예측량 자체의 관성을 살펴볼 필요가 있다. 평균, 표준편차, 추세(trend), 주기(period), 특정 사건(event) 등에 대해 분석해야 한다. 표준편차는 평균과 대비하여 살펴본다. 불확실성(uncertainty)이 어느 정도인지를 나타낸다. 표준편차가 작을수록 안정적이다. 평균과 표준편차는 특정 기간을 분모로 삼는다. 하루에 평균 100개와 한 달에 3,000개는 분모가 일(day)과 월(month)로 다르다. 데이터를 분석할 때는 되도록 작은 단위로 수집하는 것을 권한다. 일별로 수집한 한 달치는 적어도 30개가 확보되기 때문에 신뢰성을 확보하기가 쉽다. 그리고 작은 단위로 수집된 것을 큰 단위로 합하는 것은 비교적 쉬운 작업이나, 큰 단위로 수집된 데이터를 작은 단위로 쪼개려면 새로운 가정이 추가되어야 한다. 마찬가지로 일별로 수집된 것을 시간별로 쪼개는 작업은 지나친 가정에 의존해야 한다. 무리가 따른다. 신뢰도를 확보하기 어렵다. 예를 들어보자. 1년 단위로 자료가 수집되었다. 해군 함정에 탑재된 A장비가 1년에 고장이 3번 일어날 것으로 예측되었다. A장비는 한 척에 2개씩 탑재되어 있고 함정은 한 달 주기로 임무를 수행한다. 그럼 고장발생에 대비하여 매번 수리부속을 2개씩 적재하고 나가야 할까? 아니면 3번이면 4달에 한번 일어난다고 보고 4달에 한번씩 수리부속을 적재하고 나가야 할까? 큰 시간 단위를 작게 쪼개는 것은 어려운 일이다.

평균과 표준편차를 가지고 하나의 띠를 생각해야 한다. 띠의 중간에 있는 선이 평균이고, 표준편차(여기서는 표준오차)는 중간선으로부터 평균적으로 떨어져 있는 거리이다. 예측량을 구할 때 하나의 선(평균)을 생각하지 말고 범위를 가지고 구해야 한다. 〈평균과 표준오

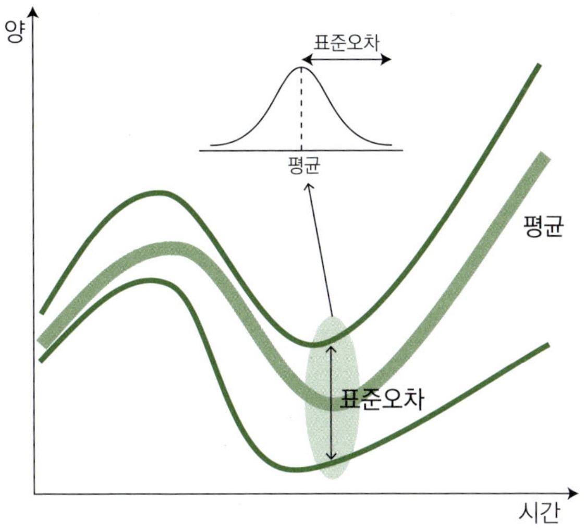

평균과 표준오차의 예시

가운데 굵은 선을 평균이라고 한다면 발생 가능한 범위가 평균선 주변의 얇은 선이 된다. 샘플의 크기가 커지면 평균을 중심으로 정규분포를 띄게 된다.

차의 예시〉 그림과 같이 범위(띠)를 가지고 예측량을 바라보면 추가적인 분석이 가능해진다. 특정 시점에서 특정선(평균)이 나타날 가능성을 범위는 보여준다. 특정 시간대에서 샘플을 뽑아 평균과 표준편차를 구한 것이고, 이때의 표준편차는 표준오차라 부른다. 굵은 실선으로 된 것들의 평균과 표준편차는 전체 표본에 대한 것이고, 특정 시점에서의 표준편차는 편의상 표준오차라 한다. 시간을 하나의 축으로 봤을 때, 특정 시간에 대한 값을 추정하는 것은 샘플을 수집하는 것과 같다. 따라서 표준오차는 평균을 중심으로 발생한다. 이때 샘플의 크기가 커지면 평균을 중심으로 정규분포를 띤다. 이를 중심극한정리라고 한다.

군수를 다루는 데 통계학이 무슨 필요가 있겠는가 하겠다. 하지만 이 내용이 있어야 다음을 이해할 수 있기 때문에 알아두면 좋다. 특정 시점을 칼로 잘랐다고 하면 다음의 그림과 같은 개념도가 나온다.

특정 시점에 대한 예측량을 구했더니 평균을 중심으로 사각형의 영역이 나타난다. 일반적으로 평균이 나타날 가능성이 가장 높지만

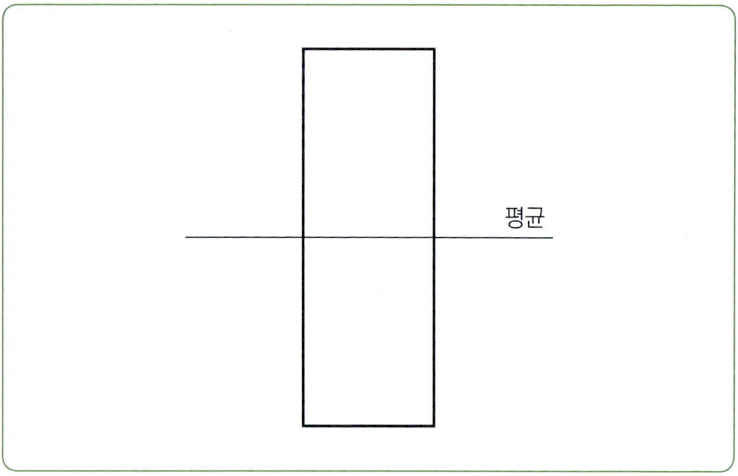

특정 시점을 칼로 잘랐을 때

평균 이하로 나타날 확률이 50%이고 이상이 나타날 확률 또한 50%이다. 우리가 만약 평균만을 예측량으로 사용한다면 50% 이내의 서비스율을 가지게 됨을 뜻한다. 가령 전투를 위해 탄약의 소모량을 예측하였다. 평균 100이 나왔다. 이때 100의 의미는 소모량이 100 이하일 확률이 50%임을 말한다. 그럼 100개를 준비하면 전투에서 탄약이 모자랄 확률이 50%라는 의미다.

F35전투기에 들어가는 한 수리부속이 있다. 이 수리부속의 가격은 100만 원이다. 그런데 이 수리부속이 고장나면 전투기가 착륙할 수 없다. 이 수리부속의 평균이 100개라서 100개를 준비하면 되겠는가? 절대 아니다. 위의 사각형 개념도에서 직사각형의 위 아래 선을 표준오차로 여긴다면 이 사각형 안에 들어갈 실제 값은 대략 68%이다. 준비량을 평균보다 1표준편차만큼 더 준비하면 재고부족이 발생할 확률은 16%정도가 된다. 재고에 의한 서비스 충족률로 따지면 84%가 된다. 재고부족 상황이 절대로 발생해서는 안 된다고 여긴다면 무한대로 준비해야 한다. 무한대로 준비할 수 없으니 타협을 한다. 99%정도로 하자고. 그러면 3표준오차 정도 평균보다 더 가지면 된다. 따라서 예측량의 평균과 표준편차(표준오차)를 아는 것은 의사결정에 결정적인 영향을 미친다.

예측량을 구할 때 추세와 주기도 중요하다. 지난 3일 동안 7, 8, 9개가 팔렸다. 그러면 내일 몇 개가 팔릴 것인가? 질문하면 대다수 사람들은 10개라고 주저없이 말한다. 추세를 자동으로 인식한 경우다.

8, 7, 9개가 지난 3일동안 발생한 수요량이라고 하면 10개라고 답하기는 쉽지 않다. 이 두 가지 모두 3일 동안의 평균은 8개이다. 단순 이동평균법은 추세를 반영하지 못한다. 가중이동평균법이나 지수평활법 등은 추세를 일부 반영한다. 그러나 이러한 방법들은 정교함이 떨어진다. 예측하고자 하는 대상에 따라 다르지 않느냐 반문하겠지만 숨어 있는 다양한 추세를 반영하지 못하는 단점을 가진다. 그 추세가 직선이 아닌 곡선의 경우를 알 수는 없다.

성수기와 비수기가 뚜렷한 제품들이 있다. 예를 들어 〈패턴이 있는 제품의 예시〉 그림과 같은 패턴을 보이는 제품이 있다. 실선은 실제 수요이고 점선은 준비량이다. 이 점선은 예측방법으로 가장 활용도가 높은 이동평균법을 적용한 경우이다. 지수평활법도 동일한 형태를 띤다. 실선에 비해 점선은 일단 늦어진다. 리드타임 때문이다. 예측하여 청구하더라도 일정한 시간이 지난 다음에 들어오기 때문에 시간을 축으로 우측으로 이동하게 된다. 준비량은 재고량으로 이해하면 편리하다. 또 하나 특이한 점은 준비량의 진동폭이 실제수요의 진동폭보다 작다는 것이다. 추세를 반영하지 않았기 때문이다. 최대 성수기를 기준으로 80, 90, 100, 90, 80의 실제 수요가 있었다면, 이를 이동평균으로 계산하면 최대치가 90, 100, 90일 때, 93정도이다. 스무딩타임(이동평균에서 평균을 구할 때 나누는 기간)이 길수록 진동폭은 작아진다. 비수기 때에는 오히려 예측량이 과대 계상되는 현상을 보인다.

1년에 성수기 – 비수기 반복이 완성되는 경우라면, 이를 합해서

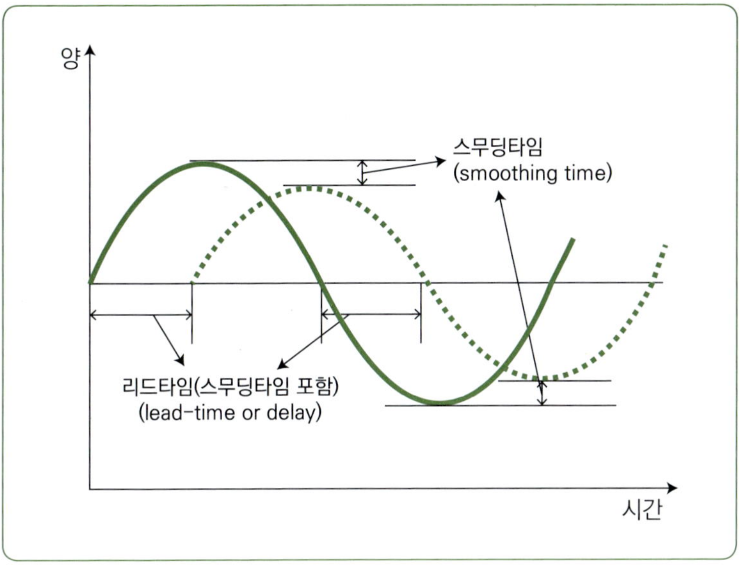

패턴이 있는 제품의 예시

실선은 실제 수요이고, 점선은 제품 준비량이다. 준비량은 이동평균법을 적용하였을 경우의 예시이다.

예측하게 되면 상당히 상쇄되는 효과를 거둘 수 있다. 그런데 그런 주기가 주, 월, 연단위들에서 규칙적으로 일어나는 경우도 있고, 아닌 경우도 많다는 점이다. 5년을 주기로 나타나는 현상, 10년 주기도 충분히 가능하다. 패션 유행이라든지, 소프트웨어, 신차 출시, 유가변동, 건설 경기 등은 연 단위 이상의 주기를 가지는 경우가 많다.

다양한 주기들을 분석하고, 그것들이 복수로 존재할 때는 조금은 분석이 어려운 상황에 처해진다. 월말에 나타나는 10%의 수요 상승과

크리스마스에 있는 수요 상승 두 가지가 12월에 함께 나타날 때 어떻게 예측할 것인가? 두 가지 파라미터를 단순히 곱할 것인가 아니면 더할 것인가? 모두 더하고 상쇄효과를 제거할 것인가? 이러한 주기효과들이 앞에서 조금은 살펴보았던 편차(오차), 추세 등과 맞물린다면 이는 어떻게 처리해야 하는가?

★★★★★

10

예측 자동화는 필수, 선택사항 아니다.

SMART LOGISTICS

제품에 따라 예측 방법은 달라야 한다.

'군수는 된다 치고'라는 말이 있다. 작전에만 치우쳐진 과거의 사고에서 비롯된 말이고 현재는 점점 없어지는 말이다. 그럼에도 불구하고, 군수품 수량 예측에 대해서는 컴퓨터에 넣고 돌리면 하늘이 계시한 정답이 나온다고 믿는 경향이 아직도 남아있다. 4차 산업혁명으로 훌륭한 예측 기술이 나왔다는 소식에 각 군은 머신러닝, 딥러닝과 빅데이터를 활용한 알고리즘을 도입하기 위해 노력한다.

물론 빅데이터를 활용하면 예측 정확도를 높일 수 있다. 사실 빅데이터는 모든 4차 산업혁명 알고리즘의 기본이 되어야 한다. 여기에 대해서는 뒤에서 설명한다. 빅데이터를 활용하여 예측 정확도를 100%로 올릴 수는 없지만, 예측 정확도를 80%선까지는 올릴 수 있다고 본다. 예측 정확도 개선이 어려운 부분에 대해서는 다른 대처 방안을 모색해야 한다. 가장 중요한 점은 품목에 따라 다른 대처가 필요하다는 점이다. 종에 따라 일률적인 행태를 취해서는 절대로 안 된다. 유류 소모량을 예측하는 알고리즘과 수리부속을 예측하는 알고리즘이 같으면 안 된다는 의미이다. 수리부속이라도 어떤 종류의 수리부속인가에 따라 알고리즘은 달라야 한다. 또한 하나의 품목에 대해서도 발생 장소에 따라 다른 대처가 필요하다. 예측과 관리 방식은 구체적이고 개별적으로 이루어져야 한다.

군수품은 흔히 1~9종으로 분류한다. 종별로 자세히 살펴보자.

1종은 급식류이다. 쌀이나 된장 등을 포함한다. 쌀은 식사 때마다 필요한 것이고, 된장은 반찬에 따라 달라진다. 쌀은 식사를 하는 사람 수에 따라 결정된다. 어느 부대 어느 병사가 쌀을 좋아하는지까지는 분석하기 어렵다. 하지만 어느 부대에서 몇 명이 점심을 먹을 것인지는 예측할 수 있다. 훈련이 계획되어 있어 식사 인원이 줄어들 것으로 예상되면, 쌀은 줄어든 인원수만큼 줄이면 된다. 된장은 어떻게 될까? 된장찌개나 된장국이 몇 번 식단에 등장하는지에 따라 달라진다. 조리사가 한 달에 평균 얼마나 된장찌개를 선택하는지는 예측할 수 있다. 식수인원 예측과 조합하여 된장의 소요량을 예측할 수 있다.

2종에는 피복류인 옷이 포함된다. 전투복의 경우를 예로 들어보자. 전투복을 신병이 훈련이 끝난 다음에 자대배치를 받을 때 나눠주는 것이 통례라고 하자. 신병이 신체 검사를 하고 자대배치를 받는데까지 걸리는 시간은 적어도 2개월은 걸린다. 만약 신체검사 때 사이즈를 재고, 만들어서 자대배치 때 제공할 수 있다면 예측 자체가 필요치 않다. 2개월 동안 살이 찌면 얼마나 찔 것인지? 그리고 살이 찌면 치수가 많이 달라지는지도 의문이다. 신병이 언제 얼마나 들어올지는 확률적이지 않다. 거의 100%에 가까운 것으로 알고 있다. 전투화의 경우 살이 찐다고 해서 더 큰 사이즈를 신는 경우는 드물기 때문에 이런 걱정도 필요하지 않다. 기존 훈련병이나 간부들의 필요에 따른 전투복이나 전투화 또한 사용기간을 데이터로 가지고 있다면 교체 시점에 대한 예측이 가능하다. 100개 전체에 대해 확률적으로 관리하기보다는 80개는 확정적으로 바꾸고 20개에 대해서만 확률적으로 관리하면 예상보다 훨씬 재고감소를 이룰 수 있다.

3종인 유류는 예측정확도를 단기에 가장 높일 수 있는 품목이다. 훈련계획이나 수송계획에 따라 사용량이 거의 결정되기 때문이다. 윤활유의 경우는 좀 다르다. 이는 가동거리에 따라 달라지는 것이 일반적이다. 그러면 수송차량이나 전차의 가동거리, 최근의 교환시기 등을 알게 된다면 다음 교환시기를 예측하는 것은 어려운 일이 아니다.

4종은 건축자재이다. 건물에 대한 유지보수와 관련해서 적어도 몇 개월 전에는 계획을 수립한다. 자연재해에 의한 유지보수는 별개다. 따라서 계획된 유지보수와 관련한 건축자재의 경우 확정된 소요가 된다. 비계획된 유지보수와 관련해서는 예측을 해볼 필요가 있다. 여름에 있는 홍수, 겨울에 있는 동파 관련 유지보수 등이 대표적이다. 주기성을 고려한 유지보수 실적을 고려하면 상당히 높은 수준의 예측 정확도를 가질 수 있다.

5종은 탄약류이다. 탄약은 교육훈련용탄과 전투예비용탄으로 구분한다. 교육훈련용탄의 경우 교육 계획에 따라 확정된다. 전쟁예비용탄의 경우 예측이 불가능한 영역이다. 비축계획에 따라 결정된다.

6종은 P.X판매용 물자 등인데, 이는 철저히 예측에 의해 관리될 수 있다. POS데이터를 기반으로 예측모듈을 개발해야 한다. 하지만 이는 아웃소싱 대상이기도 하다. 제공업체들이 수익을 높이기 위해 나름 최선을 다하고 있을 것이다.

7종은 완성장비류다. 포크레인이나 지게차 등의 장비들에 대해 확률적으로 관리하기는 어렵다. 비싸기 때문이다. 인가된 적정 수량을 가지게 되고, 고장이 나면 수리해서 사용한다. 즉 확정적인 수요다. 예비 장비가 필요한 경우가 있을 수 있는데 이는 장비의 고장 데이터를 활용하여 적정 수량을 판단할 수 있다.

8종은 의약품류이다. 종류도 많고 그 성격도 천차만별이다. 사람 수에 따라 결정되는 품목이 있고, 독립적으로 발생하는 품목이 있다.

사람 수에 따라 결정되는 경우는 종속적이다. 약간의 안전재고만을 가지면 된다. 문제는 독립적으로 발생하는 유행성출혈열 치료제나 코로나 백신과 같은 것들이다. 얼마나 생길 지는 모른다. 데이터가 쌓이다 보면 이 또한 예측가능할 것으로 기대된다. 적어도 언제쯤 발생할 것인지에 대한 것들은 자료가 있는 것으로 안다. 이는 수리부속의 드문 수요와 비슷한 유형이어서 별도 관리가 필요하다.

9종에는 수리부속이 포함된다. 이 9종이 재고관리 문제의 99%를 차지하지 않을까 생각한다. 그 특성이 독립적으로 발생하기 때문에, 확률을 고려해야 하고, 그 대상이 너무 많기도 하다. 그런데 수리부속을 간단하게 구분하면 두 가지다. 종속적으로 필요한 것과 독립적으로 필요한 것이다. 종속적이라는 의미는 모장비의 가동거리에 따라 일정 주기가 되면 교체하는 부속품이다. 필터와 같은 경우가 대표적이다. 종속적인 경우는 관리하기가 용이하다. 종속성을 이끌어내는 모장비의 가동거리 등을 모니터링하면 된다. 문제는 독립적으로 발생하는 부속품인데, 어떤 것은 10년에 한 번 고장나는 경우도 있다. 이런 경우를 희귀사건(rare event)라고 할 수 있는데, 이에 대해서는 별도로 예측하고 특별관리해야 한다. 현재 군에서 다루는 제품 수를 50만 개라고 하고, 예측담당자가 1만 명이라고 하면 한 사람당 50개 품목을 담당하고 있다. 실제로는 2,000품목 이상을 담당하는 아이템 관리자들이 있다. 50개 품목에 대해 예측 정확도를 높이는 작업을 수행하려면 상당히 많은 시간을 필요로 한다. 그것도 예측기법에 정통한 전문가인 경우이다. 이들 모두가 교육을 받고, 어느 수준 이상의 능력을 보유토록 하려면 이 또한 적지않은 시간과 자원을 투여해야 한다. 대학원과정을 이수하도록 한다고 가정할 때, 2년이 소요된다. 1년에 100명씩 교육시키면 10년에 1,000명, 100년 후에 1만 명을 교육시킬 수 있다. 퇴직하는 사람을 고려한다면 영원히 전원 교육을 시킬 수 없게 된다. 따라서 자동화할 수밖에 없다. 다양한 예측 알고리즘을 개발하고, 제품별 알고리즘을 적합화시키고, 모수를 적용하여 예측치를 구하는 전 과정이 자동으로 이루어져야 한다. 매일같이 변하는 데이터를 새로 받아들이면 그 방법도 매일 변해야 한다. 학습까지 자동화 영역에 포함시켜야 한다.

다른 종도 마찬가지이나, 특히 9종에 대해서는 어떤 품목에 어떤 알고리즘이 적합한지 신중하게 판단해야 한다. 같은 종 내에서도 특징이 천차만별이기 때문에 4차 산업혁명으로 개발된 유명한 알고리즘이라고 무조건적으로 적용하면 낭패를 볼 수밖에 없다. 종별 특징에 따라 군에 적용할만한 예측 알고리즘을 몇 가지 살펴보자.

아리마(ARIMA, Auto regressive integrated moving average)

흔히 자기회귀이동평균이라고 부른다. 이전의 장에서 이동 평균에 대해 살펴보았다. 아리마는 이를 확장한 개념이다. 아리마는 과거의 데이터를 활용하여 주기와 추세를 추출한다. 아리마 알고리즘은 훈련구간(그림에서 음영으로 표시되지 않은 앞부분)에서 데이터의 주기와 추

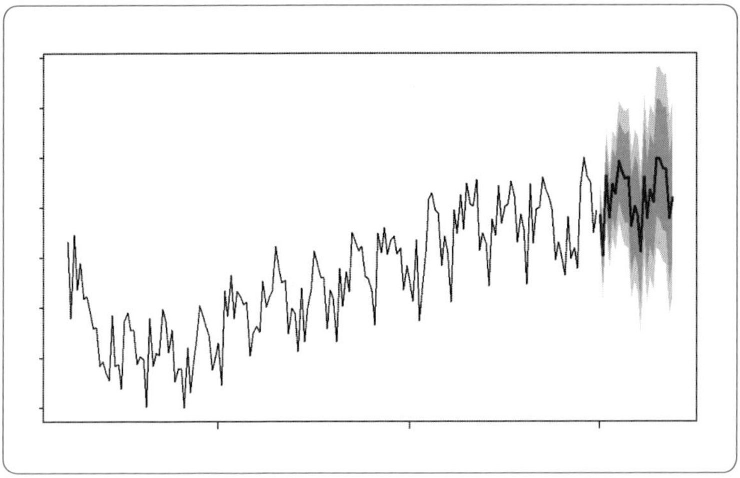

아리마(ARIMA) 알고리즘의 예시

음영 표시되지 않은 부분은 학습에 사용되는 과거의 데이터, 음영 표시된 부분의 굵은선은 예측한 미래의 값이 된다. 이때 음영부분은 예측값의 불확실성을 고려한 신뢰구간에 해당된다.

출처: Google image.

세를 학습한다. 학습한 내용은 아리마 알고리즘의 고정 파라미터를 결정하는데 사용된다. 파라미터가 적용된 아리마 모델은 최종 예측모델이며, 이를 통해 미래를 예측하면 음영 표시된 부분의 굵은선과 같다. 이때 음영부분은 예측값의 신뢰구간이 된다. 일반적으로 95% 신뢰구간을 표현하는 경우가 많다.

아리마 알고리즘은 활용된 기간이 굉장히 길다. 과거부터 주가나 집값 등 여러가지 분야에 적용된 예측모델이다. 단 아리마는 주기와 추세가 비교적 분명한 분야에 적용되어야 그 효과를 발휘한다. 따라서 아리마는 2종 피복류의 예측에 적용할만하다. 입대 예정된 병사의 수나, 추가 보급해야 하는 현역의 수는 일정한 주기로 도래된다. 연중 크게 변동하지 않는 주기를 추출할 수 있다. 또한 군의 인력감축 정책에 따라 차츰 줄어드는 병사의 수 역시 추세 요소로 추출 가능하다. 병사의 피복류의 경우 사이즈가 다양하다는 문제가 있으나, 소요가 많은 사이즈와 적은 사이즈는 분포의 형태로 충분히 표현 가능하다.

프로핏(Prophet)

프로핏(Prophet)은 2018년도에 개발된 비교적 최신형 예측 알고리즘이다. 세계적인 SNS 기업인 페이스북(Facebook)의 연구팀이 개발한 알고리즘이다. 프로핏은 신호 분석학에서 주로 활용되던 푸리에 분할(Fourier decomposition) 기법을 예측에 활용하였다. 프로핏의 가장 큰 장점은 주기와 추세에서 벗어난 이벤트를 반영할 수 있다는 점이다. 일반적으로 매출과 관련된 예측에서는 언제 많이 팔릴지에 대한 예측이 중요하다. 프로핏은 크리스마스 등 날짜가 고정된 연중의 이벤트 역시도 학습이 가능하다는 장점이 있다. 이런 특징에 따라 프로핏은 1종 급식류, 2종 피복류, 3종의 일부 유류에 적용 가능해 보인다. 식수 인원은 연중 크게 변하지 않는다. 필자가 과거에 OOO부대의 식수 인원 데이터를 분석해본 경험에 의하며 식사 인원 수는 매일의 기상 상태

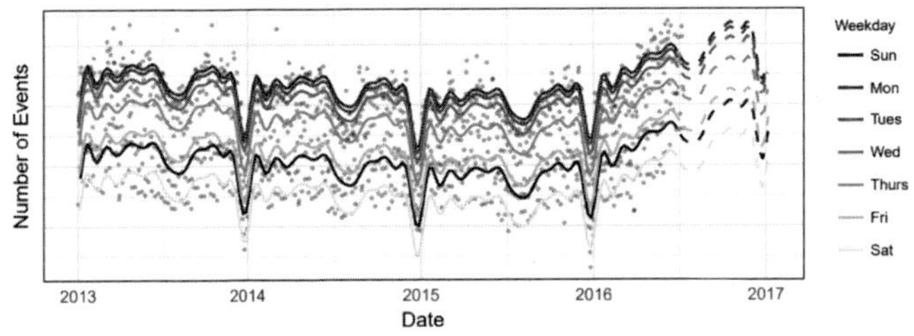

프로핏 알고리즘(prophet algorithm)

프로핏 알고리즘은 주기와 추세뿐만 아니라 연중 이벤트 등 특수한 상황에 대한 학습이 가능하다.

출처: Facebook 홈페이지.

나 훈련 일정에도 큰 영향이 없었다. 식사 인원 수의 경우 전투휴무일에 갑작스럽게 수요가 없어지는데 프로핏은 이와 같은 이벤트에 별도의 파라미터가 적용되도록 설정 가능하다. 또 프로핏은 계절적 특성을 반영한다. 군의 많은 장비류에 보충되는 엔진오일, 냉각수, 부동액과 같은 유류들은 계절적 특징을 가질 것이다. 예를 들어 부동액의 경우 혹한기가 시작 전에 사용량이 많아지기 때문이다. 연중 특정 시기에 발생하는 이와 같은 특징들 역시 프로핏에 적용 가능하다.

베이지안 추정(Bayesian inference)

베이지안 추정은 데이터와 사용자들의 전문지식을 결합할 수 있는 수리적 방법론이다. 최근에는 컴퓨터 성능 향상으로 통계적 시뮬레이션이 가능하며 많이 활용된다. 베이지안 추정 알고리즘은 특정 분야에 적용할 수 있다고 단정짓기 어렵다. 단정짓기 어렵다는 말은 모든 분야에 적용할 수 있다는 말과도 상통한다. 이 말이 모든 요소를 설명할

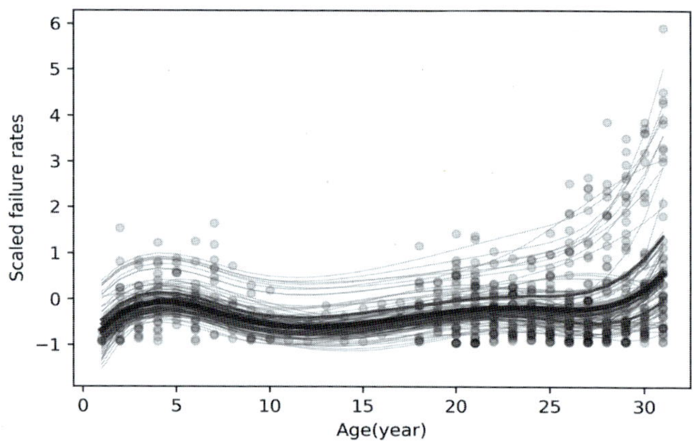

베이지안 추정을 활용한 해군 함정의 고장확률 추정결과

함정의 고장이 총수명주기기간 동안 일정하지 않음을 보이고 있다. 베이지안 추정은 예측대상의 계층적 특징을 적용할 수 있으므로 데이터가 적은 군수품의 예측에 적합해보인다.

출처: Moon, H., & Choi, J. (2021). Hierarchical spline for time series prediction: An application to naval ship engine failure rate. Applied AI Letters, 2(1), e22.

수 있는 마스터 알고리즘이라는 뜻은 아니다. 베이지안 알고리즘은 군과 같이 데이터가 적은 분야에서 강점을 발휘할 수 있다. 과거로부터 군수품을 관리해오며 쌓아온 지식을 데이터 대신 넣을 수 있고, 알고리즘을 구축해 놓으면 시간이 지날수록 정확도가 향상되기 때문이다. 또한 군수품의 특징에 따라 유사 군수품의 소모 패턴을 빌려올 수도 있다. 이 특징이 베이지안 추정을 소개하는 가장 큰 이유다. 예를 들어 해군 함정 엔진의 수리부속을 예측한다고 가정해보자. A라는 함정에서는 고장이 적었지만 B라는 함정에서는 고장이 많았다. A와 B는 둘다 함정용 엔진이지만 사이즈도 용량도 다르다. C라는 새로 건조된 함정용 엔진의 수리부속 수요를 예측한다고 할 때 어떻게 하겠는가? 현재 군에서는 C와 가장 유사한 함정(예를 들어 A함정)의 수리부속 수요와 유사할 것으로 보고 A의 소모실적을 차용한다. 베이지안에서는 A, B, C 가 모두 함정이고, 예측대상 수리부속이 함정용 엔진이라는 특징 등의 추가적인 정보를 활용한다. 수명이 3년차인 엔진은 보통 수리부속이 2개 필요하더라 등의 경험적 지식도 추가할 수 있다. 경험적 지식이 맞으면 좋겠으나 틀려도 상관없다. 데이터와 경험적 지식이 합쳐지면서 잘못된 부분을 메워나가기 때문이다. 베이지안 추정에도 여러가지가 있으나 파라미터 추정방식을 선택한다면 예측대상의 파라미터를 관리하고, 갱신하는 방법으로 예측정확도를 지속적으로 향상시킬 수 있다.

특징 요소 선택적 선형회귀(Feature selecting linear regression)

국방대학교의 한 연구팀이 기존 연구들을 종합하여 쉽게 적용할 수 있는 알고리즘으로 개선하였다. 연구팀은 시험 알고리즘의 성능 시험을 위해 육군 OOO부대의 식사인원 데이터를 예측하였다. 데이터의 기간은 반년치 정도였다. 머신러닝이나 딥러닝이 활용되는 현대의 통계 기법에 비교하면 굉장히 적은 데이터이다. 알고리즘의 활용 결과 예측 정확도가 20% 이상 향상되었다. 알고리즘은 데이터의 증가와 감소를 정확도 높게 예측하였다.

이 알고리즘에는 일자별 패턴 파악과 특정 일자의 효과들이 반영된다. 프로핏과 같이 연단위, 월, 일단위 특성부터, 데이터들 간의 자체적 상관관계까지 포함 가능하다. 따라서 데이터가 적은 경우에도 특성요소를 다양하게 추출할 수 있게 된다.

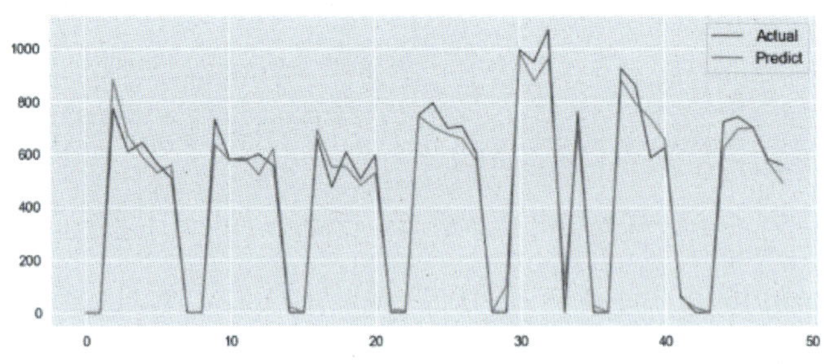

국방대학교 연구팀의 알고리즘으로 식사 인원을 예측한 결과

국방대 연구팀의 의견에 따르면 본 알고리즘은 군수분야의 범용 알고리즘으로 활용 가능하다. 군에는 최소 1년치 이상의 데이터가 보존되어 있는데 패턴이 있다고 여겨지거나 다른 요소와 연관성이 깊다고 생각되는 분야에 더 큰 효과를 보일 것으로 보인다고 밝혔다. 급식류나 유류, 교육훈련용탄, 일부 수리부속이나 일반물품들은 모두 주기적인 특성이나 다른 요소들과의 상관관계를 가진다. 급식류의 경우 요일에 따른 영향이 컸다. 유류의 경우 정기적인 수송 계획에 따르는 경우가 많으므로 일정한 패턴이 반복될 것이다. 교육훈련용탄의 경우 훈련일정이나 훈련 내용에 따라 소요량이 결정될 것이다. 일부 수리부속은 정기적인 정비주기에 따라 지속적으로 사용되는 것들, 비교적 주기성을 가지는 패턴으로 소모되는 수리부속들을 예측할 수 있다. 다만 간헐적으로 사용되며 변동의 폭이 큰 수리부속은 다른 방법으로 예측되어야 한다. 적은 데이터를 활용함에도 머신러닝 기법이 적용되어 있기 때문에 데이터가 축적될수록 더 큰 효과를 발휘하게 된다.

간헐적으로 수요가 발생하는 수리부속의 경우는 희귀사건(rare event)으로 간주하고 예측할 수 있다. 학계에서는 이미 많은 방법들이 제시되어 있으며 대부분 시뮬레이션을 통해 신뢰성 높은 가상의 데이터를 생성하는 방법이다. 희귀사건의 특징은 드문 발생으로 데이터가 적다는 것이므로 가상의 데이터를 생성함으로서 이 문제를 해결할 수 있게 된다. 해군 함정의 항해 임무중 발생하는 긴급고장(CASRAP)에 대해서는 이미 가상의 데이터를 생성할 수 있는 시뮬레이션이 개발되어 있고 같은 방법으로 모든 군에도 적용할 수 있을 것으로 보인다.

데이터는 어떤 방법으로라도 보존되어야 한다.

위에서 소개한 방법들은 학계에서는 이미 널리 알려진 유명한 알고리즘들이다. 군에 적용하면 군수혁신이 일어날 정도로 훌륭한 알고리즘들이다. 결론부터 말하면 이와 같은 알고리즘을 적용하기 위해서는 군에서 발생하는 모든 기록을 데이터로 보존해야 한다.

장비 고장에 대한 예시를 들어보자. 장비가 고장나면 군은 이를 기록하고 유지한다. 현재는 이와 같은 기록을 남긴다. 'A라는 장비가 고장나서 작전이 불가능했고, 이때 관련 게이지는 100을 가리키고 있었다.' 라는 기록을 했다고 가정하자. 이 정보를 가지고 A 장비를 운용한다면 어떻게 하겠는가? 운용 중 감시하다가 게이지가 100근처로 오면 장비가 고장날 수 있으니 출력을 줄이겠는가? 게이지가 100 근처까지 가야 하는 상황이 많다면 그때마다 출력을 줄일 것인가? 장비의 고장에는 여러가지 원인이 복합적으로 작용한다. 고장난 상황의 데이터로는 고장 진단만 가능하다. 이 장비가 어떠한 요소들과 복합적으로 작용하면서 고장이 났고, 차후에 장비 운용 중에는 1번 게이지뿐만 아니라 2번, 3번 게이지도 동시에 확인해야 한다라는 결론이 나기 위해서는 장비가 정상상태인 경우의 데이터도 필요하다. 고장이라는 한계선을 돌파하는 상황이 어떻게 발생하는지, 정상적인 상황과는 어떻게 다른지 등을 알아야 미연에 대처를 할 수 있지 않은가.

이미 군에 적용하여 빛을 볼만한 알고리즘은 세상에 많다. 다만, 군이 가진 데이터가 한정적이다보니 적용해도 좋은 결과가 나오기 힘들고, 적용할 수도 없는 경우가 많다. 따라서 군은 어떠한 형태로든 모든 데이터를 보존하고 관리해야 한다. 데이터 웨어하우스(data warehouse)가 필요한 이유가 바로 이것이다.

그럼 군용 장비가 한두 가지도 아니고 어떤 장비의 어떤 데이터를 수집해야 할까? 정답은 전부다. 미래에는 위에 소개된 알고리즘보다 더 훌륭한 예측이 가능할 것이다. 심지어 마스터 알고리즘이 개발될지도 모른다. 마스터 알고리즘이란 데이터만 주면 어떤 알고리즘에 적합한지 스스로 분석하고, 부족한 데이터는 알아서 합리적인 값으로 채우고, 높은 정확도로 예측하는 전지전능한 알고리즘이다. 마스터 알고리즘이 존재할 수 있을 것인가에 대한 학계의 논의는 끝없이 이어지고 있으나, 필자는 있을 것이라 믿는다. 미래의 알고리즘은 어떤 데이터를 요구할지 모른다. 위의 예시에서 고장상황뿐만 아니라 정상 상황까지도 데이터를 모아야 고장과 정상을 구분할 수 있다고 하였다. 지금은 전혀 연관없어 보이는 데이터라도 미래에는 그 상관성을 찾게 될지도 모른다. 가령 깊은 심도에서 잠항항해 중인 잠수함의 고장을 예측하는데 그날의 미세먼지 농도가 변수로 사용될지도 모른다. 조금

과한 가정이지만 미래에 어떤 데이터가 활용될지는 아무도 알 수 없다. 그렇기 때문에 데이터는 무조건 다 모아야 한다.

군은 아직도 수기 기록 중인 데이터가 많다. 모두 전산화해야 한다. 군은 장비를 운용하다가 고장나면 고장난 상황에 대해 상세히 기록한다. 시간이 지나 데이터가 쌓이면 고장난 상황에 대한 도사가 될 것이다. 하지만 어떤 과정에 의해 고장이 나게 되었는지는 모른다. 데이터 웨어하우스는 반드시 필요하고, 모든 데이터를 모아야 하고, 철저하게 관리되어야 한다. 어떤 데이터를 모아야하는가에 대한 질문은 이미 시대에 역행하는 질문이다.

★★★★★

11

사용자 대기기간 제로화

SMART LOGISTICS

지금까지 스마트 군수의 모습에 대해 설명했다. 이러한 모습을 언제까지, 어떠한 경로를 거쳐서 달성할 것인지에 대한 전략을 수립해야 한다. 이 과정에서 목표 설정은 기본이다. 스마트 군수를 위한 목표는 다음의 세 가지를 포함해야 한다.

사용자 대기기간(CWT) 제로화

군수 실무 인력 제로화

3군 통합의 스마트 군수 연구소 설립

사용자 대기기간(CWT)은 시간 단위이고, 군수 실무 인력은 명 단위이다. 군의 연구기관은 국방연구원(KIDA), 국방기술품질원, 국방대학교 등이 있다. 서로 독립된 기관으로 각자의 연구에 힘쓰고 있으나 통합된 군수 목표를 가지고 연구를 수행하는 일은 드물다. 당연히 교류도 드물고 자료의 공유도 거의 없다.

청구해서 사용하기 전까지의 시간이 제로가 되려면 예측하는 수밖에 없다. 예측 정확도가 100%이면 제로가 되겠지만 99%여도 제로가 될 수는 없다. 따라서 CWT제로는 달성 불가능한 숫자이다. 그렇다고 현재 10일이니까 1년에 1일씩 단축하자는 식의 목표를 수립하자는 의견이 있을 수 있다. 충분히 타당하다고 생각한다. 그런데 점진적인 개선은 힘들 것으로 보인다.

점진적 개선형은 정해진 양만큼 또박또박 CWT를 줄여나가는 형태이다. 앞에서 잠시 언급하였던 1년에 1일씩 개선하면 된다. 전기 개혁형은 초기에는 급격히 줄어들다가 갈수록 감소폭이 둔화되는 형태다. 1년에 20%씩 단축하겠다고 하면 바로 전기 개혁형태를 띠게 된다. 후기 개혁형은 지수적인 감소형태인데, 처음에는 감소폭이 미미하나 점차 감소폭이 지수적으로 증가하는 형태이다. 후기 개혁형의 감소폭만을 따로 떼어놓으면, 지수적으로 증가하는 패턴을 보인다.

CWT 축소는 전기 개혁형처럼 감소시키기를 원하지만, 후기 개혁형처럼 감소될 가능성이 높다. 프로세스에서 병목(주로 묶음으로 처리되는 구간)이 여러 군데 있고, 그 병목이 하나 제거되어도 전체 CWT

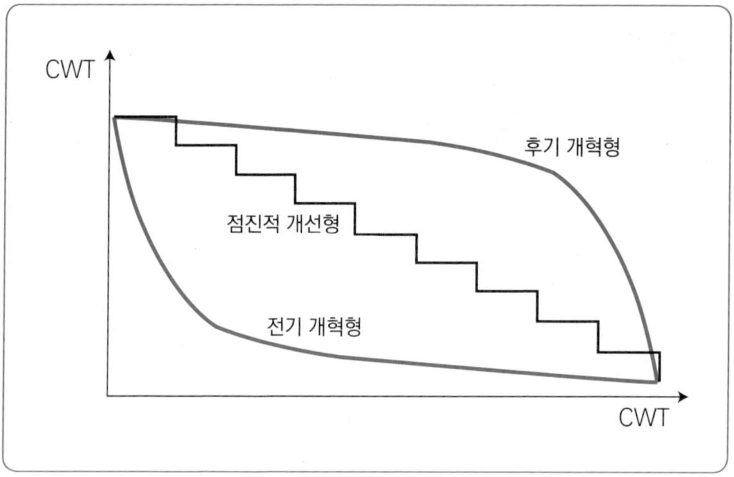

CWT 개혁의 전략

에는 영향을 아주 적게 미친다. 전체 기능이 개선되어 작은 시간 단위의 박자대로 움직일 때 혁신이 이루어진다. 1주일에 한 번씩 이루어지는 것에서, 하루에 한 번 이루어지는 형태로, 다시 반나절로, 결국에는 초단위로 움직여야 한다. 프로세스 상에서 하나의 기능만이라도 시간 단위로 움직인다면, 다른 모든 기능들이 초단위로 움직여도 CWT는 초단위로 될 수 없다.

★★★★★

12

군수 실무인력 제로화

SMART LOGISTICS

얼마전 해군 군수발전 세미나에서 전력시험평가단은 수리부속 수요예측 결과에 대해 "4차 산업혁명 알고리즘을 활용한 예측결과, 수리부속 수량을 결정하는 품목관리자(IM, Item manager)들이 몇 개월에 걸쳐 분석한 결과보다 빠르고 정확도도 높았다."라는 발표를 했다. 전군에 품목관리자를 만여명이라고 가정해보자. 군에서 관리하는 수리부속의 종류는 72만여 종이다. 중요한 수리부속은 경우 전담하는 경우도 있다. 그렇다 보니 2,000여종의 수리부속 수량을 결정해야 하는 품목관리자도 있다. 이 사람들은 하루에 약 10가지 이상의 품목을 예측해야 한다. 과거의 데이터를 검토하고 결정할 시간이 없다. 내장된 예측 프로그램에서 나온 값을 입력한다. 품목관리자는 군에 내장된 10여 가지의 수리부속 예측 프로그램을 활용하여 예측한다. 그리고 금년도에 발생한 특이한 이벤트나 내년에 발생할 이벤트를 고려하여 예측값을 수정한다.

4차 산업혁명의 최신형 예측 알고리즘을 도입했다고 생각해보자. 최신 개발된 알고리즘이 탑재되어 엄청나게 높은 정확도를 자랑하는 알고리즘이다. 품목관리자들은 서버에 설치된 이 알고리즘으로 예측을 할 수 있게 되었다. 막상 예측 결과를 보니 품목관리자가 생각한 예측결과와는 달랐다. 금년도에는 이런 사건도 있었고, 저런 사건도 있었다. 내년에는 이런 사건이 또 발생할 것이기 때문에 예측치에서 +@를 더하여 내년도 수리부속 수량을 결정했다.

아무리 정확한 알고리즘을 도입해도 사람의 손이 닿는 순간 휴리스틱이 작용한다. 올해 어떤 사건이 있었다면 내년 예측량에는 올해 사건에 대한 정보가 이미 포함되어 있다. 사람이 더이상 개입하면 그 값이 틀려진다.

2부

스마트 기술

Smart Technology

★★★★★

13

인공지능

SMART LOGISTICS

기술소개

인공지능(AI, Artificial Intelligence)이란 인간의 학습능력, 추론능력, 자연 언어 등을 컴퓨터가 이해할 수 있도록 프로그래밍하는 기술이다. 즉 컴퓨터가 인간의 지적 능력의 일부 또는 전체를 구현하는 것이다. 인공지능에 대한 관심이 극도로 높아진 것은 구글의 딥마인드(Deep Mind)가 개발한 인공지능 바둑 프로그램인 알파고(AlphaGo)와 바둑계의 천재로 알려진 이세돌의 대결에서(2016년 3월 9일) 4대 1이라고 하는 알파고의 압도적인 승리로 끝나면서부터이다. 이세돌은 물론 언론과 전

알파고와 이세돌의 대국장면

출처: 국민일보(16.03.09.), "인간이 졌다" 이세돌, 알파고와 1국서 186수 만에 불계패.

문가들은 인간의 우세를 확신했지만 이는 대국이 펼쳐지는 동안 큰 오판이라는 것을 느끼는 계기가 되었다.

알파고와 이세돌의 대국은 컴퓨터의 사고능력이 인간을 능가할 수 있다는 과거의 가정이 현실이 될 수 있음을 밝힌 사건이었다. 알파고 등장 이후로 인공지능에 대한 관심은 기하급수적으로 증가하였다. 현재 인공지능들은 바둑뿐만 아니라 골프, 주식 등 다양한 분야에서 인간을 능가하고 있다. 인공지능은 학습과정을 통해 과거보다 나은 결과를 도출하기 위해 스스로 발전하기 때문이다. 과거의 단순 학습형 알고리즘과 달리 현재는 강화학습(reinforce learning) 과정을 통해 더욱 최적화된 학습을 수행하기 때문에 인공지능의 활용분야는 더욱 넓어졌다. 앞으로의 삶에 인공지능은 엔터테인이나 금융 분야 외에도 법조

계나 의료계에까지 적용될 것으로 전망되면서 인공지능은 우리의 삶을 크게 변화시키는데 중추적인 역할을 하게 될 것으로 보인다. 하지만 인공지능의 능력이 어디까지이고, 항상 긍정적인 방향으로만 활용할 수 있는가에 대한 의문은 여전히 남아있다.

발전과정

인공지능은 알파고와의 대결이 있던 2016년보다 훨씬 이전에 탄생했다. 1950년대 초반 인공지능의 수학적 가능성을 탐구한 영국의 수학자 앨런 튜링(Alan Turing)은 '인간이 문제를 해결하고 결정을 내리기 위해 사용하는 정보로 왜 기계는 인간처럼 일을 할 수 없을까?' 라는 의문을 가졌다. 그는 지능형 기계를 구축하는 방법 및 인공지능 검증 방법에 대해 연구하였다. 1956년 인간의 문제 해결 능력을 모방하도록 설계된 프로그램이 최초로 개발되었고, 다트머스 인공지능 컨퍼런스(Dartmouth College AI Conference)에 발표되었다. 컨퍼런스에서 앨런 튜링은 인공지능이 향후 20년 내에 인간의 대부분의 일을 해결할 것이라고 발표하였다. 현재 인공지능의 핵심 기술로 분류되는 인공 신경망(artificial neural network)은 신경망 모델로 1946년에 제안되었다.

인공지능 연구의 황금기는 1956~1974년대로 볼 수 있다. 컴퓨터의 발달로 더 많은 정보를 저장하고, 빠르게 처리할 수 있게 되면서 인공지능 개발에 대한 접근성이 향상되었다. 그러나 여전히 컴퓨터의 저장능력이 충분하지 않아 많은 제약이 발생하였다. 인공지능 개발에 대한 관심이 높아졌음에도 불구하고 1980년대 PC의 대중화 이전까지의 인공지능 개발 성과는 적었다. 인공지능 연구가들의 낙관론은 연구에 대한 투자자들의 기대를 높여 놓았다. 그러나 그들의 낙관론과 현실의 갭은 다시 인공지능에 대한 관심을 저하시켰다.

인공지능이 폭발적으로 성장한 때는 1980년대이다. 일본 정부는 자신들의 5세대 컴퓨터 프로젝트와 인공지능에 적극적으로 투자하였고 인공지능의 세계적인 관심은 일본으로 쏠렸다. 그러나 다시 인공지능은 정부기관과 투자자들의 실망을 안겨주었다. 일본은 버블경제 붕괴와 함께 인공지능에 대한 개발도 멈추었다. 일본의 5세대 컴퓨터 프로젝트도 투자자들의 기대수준에 미치지 못했다.

인공지능이 인간과의 싸움에서 승리한 것은 이세돌과 알파고의 대국이 최초가 아니었다. 1997년 IBM사의 인공지능 체스머신 딥 블루(Deep Blue)가 당시 체스 세계 챔피언 카스파로프(Kasparov)에게 승리하면서 인공지능은 다시 주목받게 되었다. 2006년 힌튼(Hinton) 교수의 볼츠만(Boltzmann) 머신 기반의 딥러닝 알고리즘은, 비지도 학습(unsupervised learning)을 통해 인공지능 최초로 고양이와 개를 구별하였다. 2016년에는 딥러닝(deep learning) 기술이 탑재된 인공지능 알파고는 한국 및 중국의 최고 프로 바둑기사를 상대로 승리하게 되었다. 딥러닝 기술은 컴퓨터에 바둑규칙과 기존 바둑기사들의 대국 기보를 저장하며 그 데이터를 바탕으로 스스로 학습하며, 매 수마다의 승률을 계산하여 최적의 위치에 수를 둔다.

가장 최근인 2017년 구글의 딥마인드는 알파고 제로를 발표하였다. 이는 기존 알파고와는 달리 프로기사들의 기보 등은 제공하지 않고 기본 규칙만 제공되었다. 프로기사들의 실수나 오판까지 학습하는 알파고와 달리 알파고 제로는 스스로 바둑의 기보를 제작하여 학습하는 능력이 강화되었다. 이 기술은 인간의 뇌가 사용하는 강화학습 알고리즘과 유사하다. 알파고 제로는 72시간 동안의 자체 학습을 통해 기존 알파고와의 대국에서 전승의 승률을 달성하였다.

민, 군에서의 활용

세계적인 추세는 이미 인공지능을 활용한 기업의 발전으로 향하고 있다. 인공지능의 활용범위가 넓어지면서 소비자의 패턴 분석과 예측, 주문과 배달까지의 전 과정을 인공지능이 대신 수행하기도 한다. 인공지능은 군에 비해 민간의 기술들이 빠르게 발전하고 있다. 컴퓨터와 네트워크 기술이 향상되면서 정보와 기술의 확산속도가 급격하게 증가하였기 때문이다. 군은 보안 특성상 공개 네트워크를 지양한다. 따라서 미래에는 기술의 발전속도에 있어 민간을 따라가기 힘들다. 민간 인공지능의 발전방향을 살피고 군 활용방안을 검토할 필요가 있다.

홈 서비스 인공지능에서 전장 지휘 인공지능으로

세계 최대 온라인 쇼핑몰 아마존(Amazon)은 서비스 차별화를 위해 알렉사(Alexa)라는 이름의 지능형 음성 서버를 개발하였다. 각종 정보 제공 서비스를 하고 있다. 클라우드 서버(cloud server)에 저장된 디지털 정보를 제공하고, 아마존 서버와 연동되어 아마존의 상품을 쉽게 주문할 수 있다. 알렉사와 같은 가정용 인공지능은 홈 서비스를 제공함과 동시에 고객들의 정보를 지속적으로 수집한다. 수집된 정보는 인공지능을 통해 분석되어 고객 맞춤형 서비스로 발전된다. 특정 시점이 되면 생필품의 재주문이 필요한지 확인하라고 알려주거나, 차량에 탑재된 알렉사를 이용해 집안의 전자기기를 제어하기도 한다.

좌: 가정용 홈 서비스를 제공하는 아마존의 알렉사
우: 캐딜락 차량에 탑재된 알렉사

출처: 구글 홈페이지.

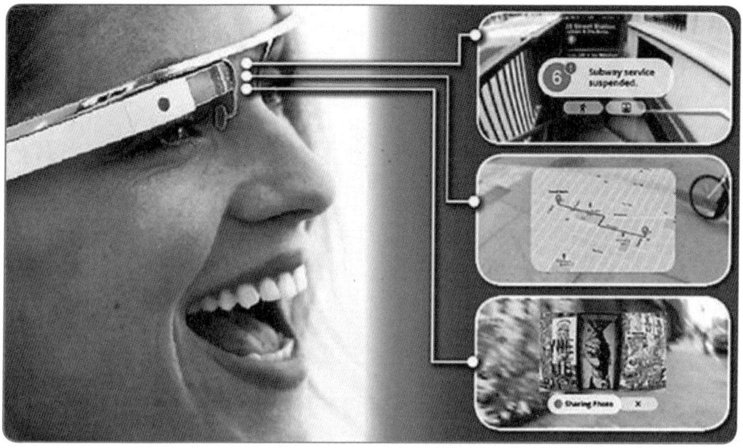

구글 글래스

출처: 구글 홈페이지.

시리(Siri)는 애플(Apple)사의 디지털 보조 인공지능이다. 알렉사와 유사하나 휴대폰에 설치되어 고객의 최근접에서 서비스를 제공한다. 알렉사나 시리와 같은 인공지능들은 단순한 음성지원에서 시작되었으나 인공지능이 탑재되어 고객 맞춤형 서비스로 진화하고 있다. 이들 인공지능은 공통적으로 음성인식 기능과 IoT 기술을 활용한다. 수많은 고객과 클라우드 서버에서 확보된 데이터를 바탕으로 고객에게 필요할 것으로 판단되는 최적의 서비스를 확률적으로 판단하고 제안한다. 알렉사와 같은 별도의 기기에서 시리와 같은 휴대폰 앱으로 삽입되었다. 최근에는 웨어러블(wearable) 기기로 발전하여 손목 시계에 적

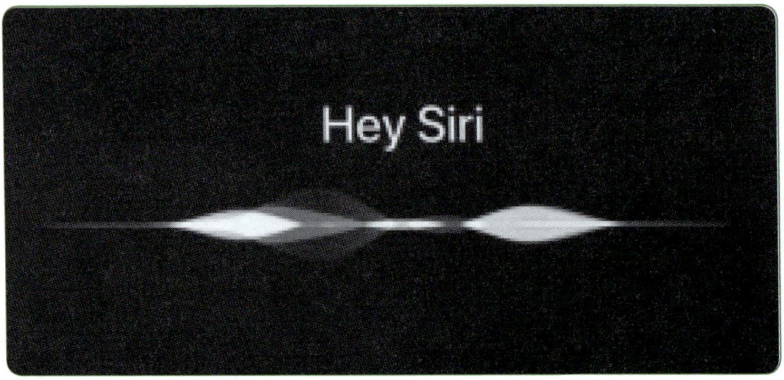

애플사의 인공지능 시리

출처: 애플 홈페이지.

용되고 안경에 탑재되는 등 고객과의 거리가 점점 가까워지고 있는 추세이다.

인공지능은 알고리즘으로 구현되어 특정 형태를 띠지 않는다. 즉 어느 곳에도 장착될 수 있다는 확장성을 가진다. 안경에 접목된 인공지능을 예를 들어보자. 현재 민간에서는 고객이 가야 할 길을 알려주고, 원하는 음악을 틀어주며 동시에 전화통화를 시켜주기도 한다.

이는 군사 작전용 고글에 동일하게 접목 가능하다. 가상현실(VR, Virtual Reality)이나 증강현실(AR, Augmented Reality) 기술과 동시에 접목된 작전용 고글은 상황에 맞춰 지휘부 서버에 전장 상황을 전달한다. 전장 곳곳의 상황과 레이더의 정보를 종합한 지휘부 서버의 인공지능은 승리를 위한 최적의 작전 수정안을 실시간으로 보고한다. 지휘부의 결심을 받은 인공지능은 전장 곳곳에 수정된 작전명령을 하달한다. 작전용 고글은 증강현실을 통해 최적 동선과 해야 할 임무를 적시에 알려준다. 고글과 무전기가 달린 헬멧, 쌍안경과 손전등을 모두 들고 다녀야 하는 군인과 안경과 가벼운 헬멧을 쓴 군인의 작전 능력은 차이가 클 것이다. 민간의 홈 서비스 인공지능이 활용하는 음성인식과 클라우드 기술이 접목되어 전장을 통제하게 된다.

SNS앱의 음성인식 인공지능에서 연합 작전용 인공지능으로

반조(Banjo)는 GPS 기반의 SNS(Social Network Service) 앱이다. 반조는 등록된 친구들의 위치와 주요 관심사, 최근 이벤트를 알려주는 평범한 SNS 앱과는 다르다. 사용자의 위치를 기반으로 가까이 있는 친구들의 최근 이벤트를 알려준다. 영화의 한 장면을 떠올릴 법하다. 악마는 프라다를 입는다라는 영화에는 직장 상사의 옆을 보좌하며 다가오는 손님들이 누군지, 최근에 어떤 일이 있었는지를 알려주는 장면이 나온다. 반조의 서비스는 이와 유사하지만 전 세계에 있는 관심있는 사람들을 대상으로 한다. 지정된 대상들의 SNS를 검색하여 대상자에게 있었던 최근의 이벤트를 알려준다. 최근의 앱들은 여러 가지 언어들을 지원한다는 특징이 있다. 사용자들의 언어가 달라도 적절한 검색을 수행할 수 있다는 의미이다. 이는 인공지능이 수행하는 자연어 처리 기

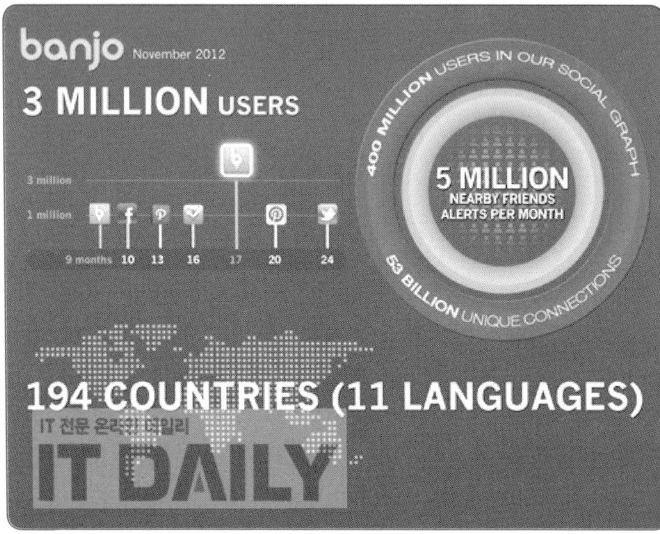

위치기반 소셜 디스커버리 앱 반조(Banjo)

출처: IT 데일리(12.11.18.), 반조, 한국어 지원 Banjo 3.0 출시.

영화 악마는 프라다를 입는다의 한 장면

능(natural language processing)과 연관된다. 기계는 사람의 언어를 이해하지 못하지만, 인공지능은 사람의 언어를 0, 1로 변형시켜 이해한다. 처음 접하는 사람의 언어는 알아듣지 못하지만 사용자의 말투, 억양 등을 분석하며 학습을 거듭한다. 전 세계인의 목소리, 언어, 억양의 정보는 클라우드 서버에 저장된다. 데이터 수가 많아지면 처음 듣는 사람의 목소리일지라도 가장 높은 확률로 이해되는 언어로 이해하고 답변을 한다.

페이스북(Facebook)은 문자와 음성인식 기반의 인공지능 채팅 로봇(흔히 챗봇이라고 불린다)을 개발하는 기업을 인수하여 인공지능 개발에 박차를 기하고 있다. 우리나라의 고용노동부와 한국고용정보원은 고용이라고 하는 채팅 로봇 서비스를 시행하기 시작했다. 고용이는 사용자가 원하는 조건의 일자리를 찾아주는 서비스를 한다. 사람들의 언어 습관은 매우 다양하다. 기계가 인식할 때 사람의 언어는 같은 안녕이라도 모두 다른 말로 인식한다. 반대로 기계에게 안녕은 한글 자음, 모음으로 이루어진 정해진 말이다. 자연어 처리 기술은 이와 같은 자연스러운 사람의 언어와 규칙성 있는 기계의 언어를 연결해준다. 고용이는 문자 메세지를 분석하여 언어를 이해하지만 음성인식 인공지능은 사람의 목소리도 구분한다.

자연어 처리의 대표적인 인공지능으로 왓슨(Watson)을 들 수 있다. 왓슨은 의료분야에 널리 활용 중이며 범위를 확대해나가는 중이다. 왓슨의 자연어 처리능력을 선보인 사례로 2011년 2월 16일 미국의

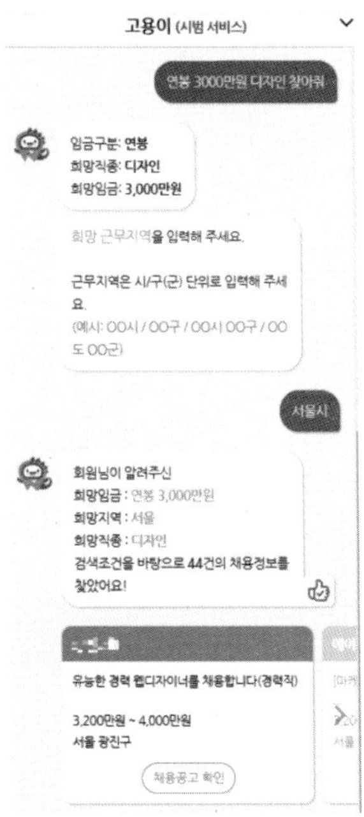

고용노동부의 챗봇. 고용이

ABC 채널에서 방영한 퀴즈쇼 제퍼디(Jeopardy)를 들 수 있다. 왓슨은 역대 최다 연속 우승자와 최다 상금 수상자 두 명을 모두 제치고 1위를 차지했다. 이는 인공지능의 신속한 자연어 처리 능력과 정보 탐색 능력을 보여주는 사례가 된다.

구글(Google)은 지금까지 10개에 달하는 인공지능 벤처기업을 합병하는 등 막대한 투자를 하고 있다. 구글은 자연어와 더불어 연설

왓슨이 참가한 퀴즈쇼 진행장면

구글은 전 세계의 AI 개발을 선도하고 있다.

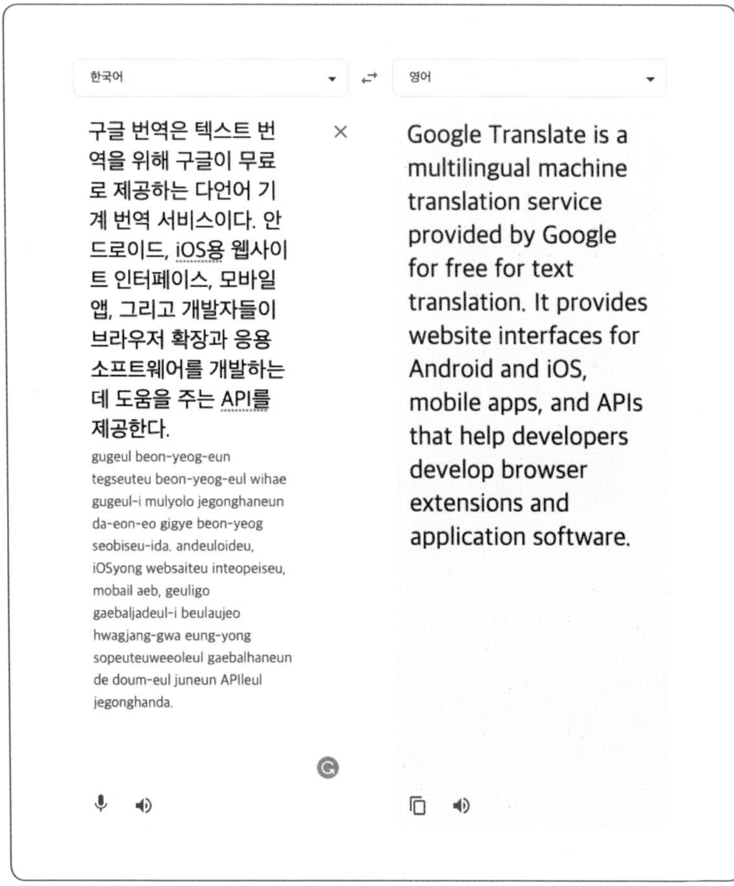

구글 번역의 예시

및 번역(translate) 기능, 비주얼 프로세싱과 예측 기능을 모두에 인공지능을 접목 중이다. 특히 구글의 자연어 처리 능력과 번역 기능은 이미 성능이 입증되어 널리 활용되고 있다.

작전용 고글에 자연어 처리 능력과 번역 기능이 탑재된 상황을 가정해보자. 사실 이러한 기능을 위해 특별히 부피가 커지거나 무거워지는 일은 없다. 모든 처리는 클라우드에서 이루어지기 때문이다. 우리 군과 미군이 연합작전을 하면 미군은 영어를 사용한다. 우리 군의 통역관이 한글로 번역해준다. 우리 군은 한국어를 사용하고 통역관은 다시 영어로 번역하여 전달한다. 우리 군의 영어 구사능력은 낮지 않다. 통역관이 없어도 의사소통하는데 큰 문제없다. 그럼에도 불구하고 통역관이 항상 붙는 이유는 잘못된 단어 선택으로 인해 의사전달이 왜곡될 수 있기 때문이다. 우리가 영어를 배우고 유창하게 말하더라도 미국의 관습과 말투에 따라 전달되는 느낌까지 같을 수는 없다. 그래서 명확한 의사전달을 위해 통역관이 대동한다.

작전용 안경은 영어와 한국어뿐만 아니라 세계 모든 언어를 듣고 실시간 통역할 수 있다. 통역이란 듣고 번역하여 읽어주는 개념이지만, 작전용어 학습에 따라 작전용 안경은 다음에 나올 말을 예측하여 말함과 동시에 번역하도록 발전할 수도 있다. 성경의 어느 구절에는 예수가 세계 여러나라 사람들을 한데 모아놓고 연설을 하는데 모든 사람들이 예수의 말을 이해했다는 구절이 있다. 학습된 인공지능은 이와 같은 일들을 구현해줄 것이다.

상상해보자. 고지를 향해 뛰어가고 있는 두 사람이 있다. 한 사람은 한국인, 한 사람은 터키인이다. 작전권의 문제로 실제로는 있기 힘든 일이지만 지휘관은 미국인이다. 지휘자는 영어로 지시한다. 지시와 동시에 한국인은 한국말로 듣고, 다른 터키인인 터키말로 듣는다. 반대로, 각자의 언어로 작전상황을 보고하면 지휘관은 영어로 보고받는다.

사진 편집 앱이 피아 식별 장치로

프리즈마(Prisma)는 아이폰의 어플리케이션이다. 유명 화가의 스타일을 빌려서 평범한 사진을 예술작품으로 변환시켜준다. 인공신경망을 기

프리스마를 활용한 사진 편집 예시

반으로 개발된 앱은 유명 화가들의 화풍을 학습한다. 편집 대상 사진이 인물인지, 풍경인지 등을 인지하고 화풍에 맞는 특징요소들을 반영하여 사진을 수정한다.

한국의 Snow Corp.이 개발한 스노우라는 카메라 앱은 최근 젊은 세대에서 선풍적인 인기를 끌었다. 본인의 사진을 연예인과 닮도록 편집하고, 가장 닮은 연예인을 찾기도 한다. 성능이 뛰어나 정말 닮은 사람을 찾진 못하지만 어딘가 닮은 부분이 있어 재미를 자아낸다.

리스냅(ReSnap)은 사진 관리를 위한 앱이다. 초점이 흐리거나, 비슷한 사진을 제거하는 기능이 있고, 사진첩에서 사용자의 취향에 맞

리스냅의 사진관리 기능

출처: 리스냅 트위터.

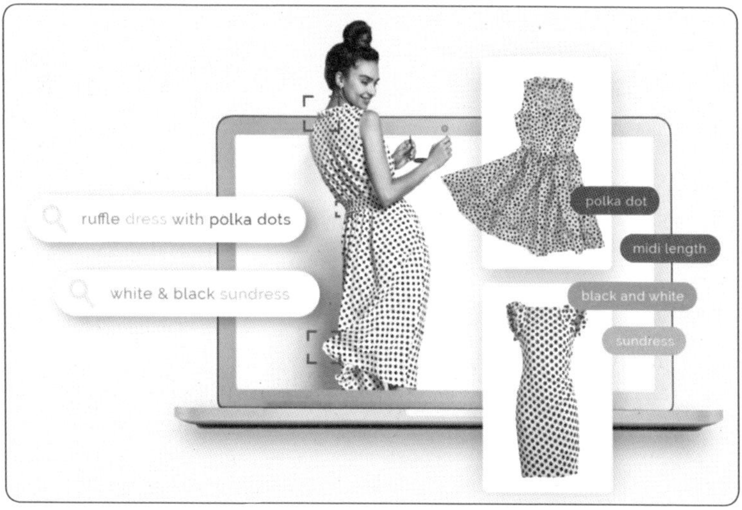

바이센즈의 유사 의류 탐색

출처: 바이센즈 홈페이지.

는 사진을 골라 앨범을 만들어주기도 한다. 구글에도 유사한 기능이 있다. 구글 포토(Google photo)에서는 리스냅에서 제공하는 기능들뿐만 아니라 아이들의 성장과정까지도 검색해낸다.

바이센즈(ViSenze)사는 온라인 쇼핑몰에서 사용자에게 비슷한 상품들을 제안한다. 흔히 볼 수 있는 유사 상품과는 다르다. 일반적으로 우리가 접하는 유사품 추천은 동시에 구매한 상품 중 빈도수가 높은 것을 추천한다. 바이센즈의 알고리즘은 고객이 관심 보이는 제품에 대한 이미지를 계속 학습하고 조건에 부합하는 제품을 찾아 추천한다.

컨볼루션 신경망(CNN)을 활용한 영상 인식

출처: 데일리시큐(20.05.13.), 딥러닝을 이용한 강력한 악성코드 탐지 기술, '블루헥사곤'.

이와 같은 사진 편집이나 보정 앱들은 재미나 편리를 위한 요소임에도 불구하고 근본은 딥러닝의 다층 인공신경망을 활용한 컨볼루션 네트워크 알고리즘이다. 이는 사진을 픽셀(pixel) 단위로 묶기도 하고 여러 개의 픽셀 단위로 묶기도 한다. 이전에 학습한 데이터에서 공통점을 찾아내어 가장 유사한 결과물로 분류한다. 컨볼루션 신경망은 이미 군에서도 활용되고 있다. 헬기의 영상 장치에 설치된 인공지능은 조준 대상이 들고있는 것이 무기인지 아닌지 구분하고, 어른인지 아이인지도 구분한다.

적의 무기체계 사진들을 학습한 인공지능은 현재까지 발견하지 못한 적의 무기체계들을 생성해낼 수 있게 된다. 학습한 무기체계의 부분적 특징들을 조합하여 실존 가능성 있는 적의 무기체계들을 가상으로 생성할 수 있다. 인공지능은 이를 다시 학습한다. 또는 아군의 무기체계 사진을 학습하여 적군 무기체계 형태와 유사하게 변형할 수도 있다. 적에 대한 정보는 적기 때문에 무수히 많은 사진의 조합으로 실존 가능성 높은 적의 무기체계를 생성해낼 수 있다. 가상의 무기체계를 학습한 인공지능은 실제 상황에서 피아 식별의 가능성을 높인다.

국방분야의 인공지능 도입 추세

국방분야의 인공지능들은 방산전시회에서 흔히 볼 수 있다. 본 절에서는 인공지능 기술을 도입하여 주목받고 있는 기업들의 대표적인 사례만을 확인한다.

프랑스의 방산기업 탈레스(Thales)는 인공지능 자율 무기 포탑인 래피드 파이어(RAPIDFire)를 개발하였다. 이는 진보된 대공포로 자율적으로 목표물을 탐지, 조준 및 격멸하는 체계이다. 래피드 파이어의 핵심 기술은 인공지능이 수집된 이미지와 영상을 분석하여 공격 대상을 신속하게 식별한다는 점이다. 정확도 높은 피아식별이 가능하고 최대 사거리는 4km에 달하여 근접 중인 적에 대처할 수 있다. 드론을 감지

래피드 파이어 발사 시험 중

출처: Youtube Thales 社.

하고 공격태세 전환 후 발사까지 4.5초밖에 걸리지 않는다. 무기체계의 이름에서 느껴지듯 발사속도에서 오는 파괴력도 뛰어나다. 최대 분당 200발 발사가 가능하며, 1.5km 떨어진 장갑차의 내부 14cm까지 관통하는 파괴력을 가진다.

국방분야의 탐지장비들은 과거와 같이 레이더와 신호 교란 장치에 국한되지 않는다. 실시간 영상을 수집하여 판단하여 적의 교란에 대응하는 능력이 향상되었다. 탐지 장비의 성능이 우수해짐에 따라 무기체계들의 무인작동이 가능해지는 추세이다.

미 국방부의 프로젝트 메이븐(Maven)은 UAV와 같은 저고도 전투 감시장비로 촬영된 감시 영상을 분류하고 식별할 수 있는 인공지능 개

오비탈 인사이트 체계의 선박인지

출처: Youtube Bloomberg Technology.

발과 관련된 사업이다. 구글의 인공지능 기술을 바탕으로 프로젝트 메이븐은 무인드론이 사물과 사람을 분류 정확도를 향상시킨다.

감시의 범위는 지상과 공중에 국한되지 않고 우주까지 확장되었다. 오비탈 인사이트(Orbital Insights)는 위성에서 전송받은 이미지를 활용해 지리 공간을 분석한다. 위성 영상을 통해 사용자는 넓은 지역에서 표적의 움직임을 추적하고, 이상 징후를 감지할 수 있다. 오비탈 인사이트는 다양한 네트워크에서 가져온 많은 양의 위성영상 데이터를 함께 연결하여 지구상의 모든 위치에 대한 고화질 이미지를 수집하고 목적에 맞는 이미지를 분류해낸다. 이미지에서 구름, 스모그 등의 연무까지도 제거가 가능하다.

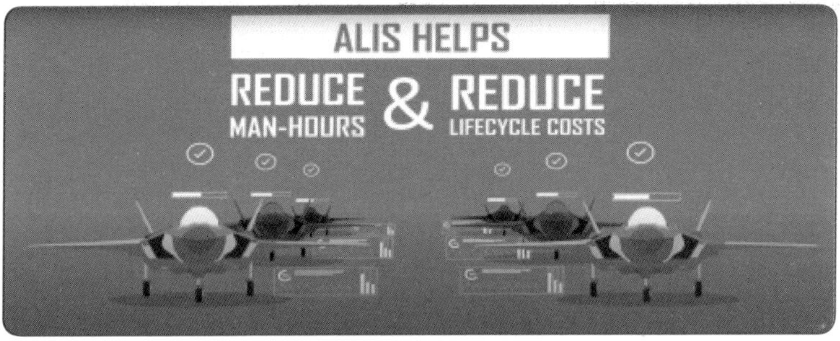

록히드 마틴사의 ALIS

출처: Youtube Lockheed Martin.

전투 중인 순양함 함장은 탄약 및 전력, 유류, 식수 등의 보유량 및 소요량에 대한 경고를 실시간으로 수신한다. 인공지능을 통해 즉각적인 의사결정 및 부족물자 청구 등의 절차를 진행할 수 있다. 보급 청구분야의 인공지능은 음성인식을 통한 보급지원도 가능하고 자동청구되도록 설정하는 것도 가능하다.

미 공군에서 사용하는 F-35 전투기의 유지보수 효율성 개선을 위해 록히트 마틴(Lockheed Martin)사는 캐나다의 NGRAIN사와 협력 프로젝트를 수행 중이다. 프로젝트 ALIS는 효율적인 유지보수 관리 작업을 통해 조종사의 안전을 강화한다. 기체의 손상 데이터를 중심으로 프로젝트가 진행된다. 기체 및 부품에 대한 손상 보고서를 시각화하고 항공기를 3D 가상모델로 생성하여 과거의 손상 및 수리 데이터, 손상 유형 및 치수 세부 정보 등을 입력 및 유지관리 할 수 있다.

★★★★★

14

3D 프린팅

SMART LOGISTICS

기술소개

3D 프린팅(3D Printing)이란 3차원 도면을 활용하여 입체화된 형상물을 제작하는 기술이다.[1] 1986년 처음 미국의 척 헐(Chuck Hull)이 발명한 3D 프린팅 기술은 컴퓨터 모델 프로그램을 활용하여 층을 쌓아 올리는 방식으로 입체적 구조물을 만든다. 원래 3D 프린팅 기술은 고분자

1 법률 제14839호(17.07.26.) 삼차원프린팅산업 진흥법

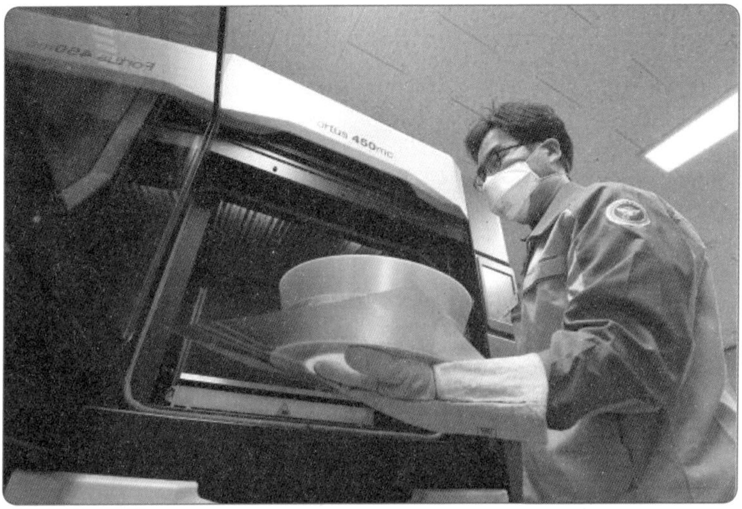

공군 군수사령부에서 HH-60 탐색구조헬기의
마운팅 플랜지를 제작하고 있다.

출처 : 국방일보(20.12.08.), 군, 올해 3D프린터로 부품 2576점 생산.

원료를 가지고 복합구조물을 제조하기 위한 목적으로 발명되었으나 제품 생산의 신속성 때문에 자동차, 항공, 의료 등 고가 장비의 시제품이나 부속품 제작에서 주로 활용되고 있다. 최근에는 3D 프린팅 기술이 발전하면서 디자인, 헬스 케어, 교육, 예술, 건축, 국방 등 다양한 분야로 확대되고 있다.

3D 프린터의 원리는 잉크젯 프린터의 원리와 유사하다. 일반적인 2D 프린터는 디지털화된 파일을 전송받아 잉크분사 노즐을 X축과 Y축으로 이동시키면서 종이에 잉크를 분사하여 활자나 그림 등의 2D

이미지를 인쇄한다. 3D 프린터는 여기에 Z축 방향의 움직임을 더하여 3차원 입체형상을 구현한다. 3D 프린팅 기술은 크게 절삭형과 적층형으로 나눌 수 있다. 절삭형은 간단히 말해 원재료 덩어리를 칼날로 조각하는 방식이고, 적층형은 재료를 층층이 쌓는 방식이다.

발전과정

3D 프린팅의 시초는 RP(Rapid Prototyping)이라고 불리는 프린팅 기술이었다. 1981년 일본 나고야시 공업 연구소의 고다마 히데오 박사에 의해 특허 출원되었지만, 설명서 작성 기한을 지키지 못해 특허는 무산되었다. 본격적으로 3D 프린팅 기술이 구현되기 시작한 것은 1983년 3D 시스템의 공동 창업자 찰스 울(Chales Whull)로부터였다. 3D 프린터의 첫 번째 특허는 1986년 광경화성 수지 적층 조형(SLA, Stereo Lithography Apparatus) 장치였다. 그 후 3D System사를 설립하고 2년 후인 1988년 3D 프린터가 세계 최초로 상용화되었다.

1987년 미국 오스틴의 텍사스 대학의 학부생이었던 칼 데카드(Carl Deckard)는 조 비어만(Joe Beaman) 교수와 함께 SLS(Selective Laser Sintering, 선택적 레이저 소결 조형) 방식의 3D 프린터를 개발했다. 작동 원리는 플라스틱 가루 위에 원하는 모양으로 접착제를 뿌린 뒤 남은 가루를 날리는 방식이었으며, 현재의 SLS 방식의 시초가 된다.

1989년에는 융착 조형(FDM, Fused Deposition Modeling) 방식의 특허도 출원되었는데, 해당 방식은 스콧 크럼프(Scott Crump)에 의해 개발되었다. 그가 1991년 설립한 스트라타시스(Stratasys)사는 현재 세계 1위의 3D 프린터 제조업체가 되었다.

3D 프린터가 대중에 알려진 기간은 길지 않으나 실제 현장에 도입된 지는 오래되었다. 최초에는 Rapid Proto-typer라는 이름으로 기업에서 목업(mock-up)을 제작하는 데 사용되었다. 캐드(CAD), 캠(CAM) 기술을 활용하여 컴퓨팅 디자인을 목업으로 제작하는 비용이 상당했기 때문이다. 당시 3D 프린터를 이용한 목업 제작 시간은 12~24시간 정도였고, 비용도 컸다. 이와 같은 이유로 일반인들이 3D 프린터를 사용하는 데는 비용적으로 한계가 있었다. 3D 프린터가 대중에게 알려지고 익숙해지기 시작한 시기는 비교적 생산비용이 저렴하고, 제작 시간이 짧은 FDM방식이 상용화한 시기부터이며, 이때부터 3D 프린터라는 용어가 사용되었다.

민, 군에서의 활용

3D 프린터는 이미 상용화되어 가정에서 활용할 수 있는 수준의 제품이 출시되고 있다. 이전에 상용화된 3D 프린터들은 사용할 수 있는 주물 원료들에 한계가 있었다. 때문에 간단한 피규어나 그릇 등을 제작

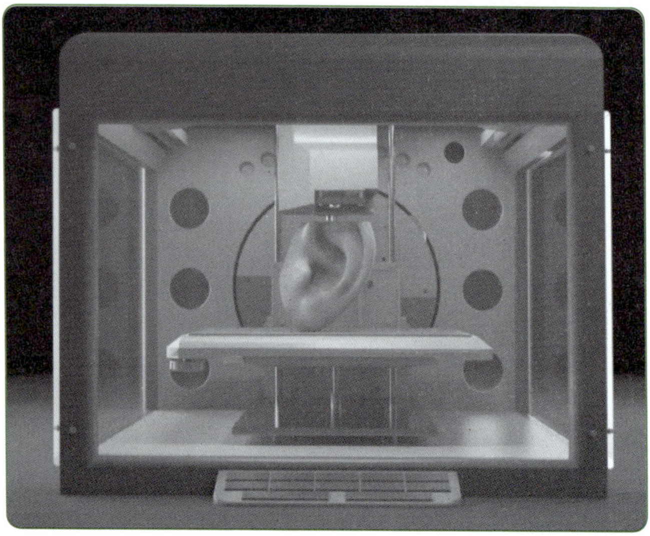

3D 프린터의 의료용 활용

하는 데 활용되었다. 다양한 원재료를 주입할 수 있게 되면서 건축, 의료, 자동차 등에 활용되고 최근에는 음식을 만드는 연구도 진행되고 있다. 3D 프린터는 설계가 정확하고 원재료가 적절하다면 우리가 사는 환경의 모든 것들을 만들 수 있다는 점에서 지속적인 발전을 이루고 있다. 사람의 귀를 3D 프린팅하여 이식한 사례가 나오고 심장의 제작도 시도되고 있다. 대형 3D 프린터를 활용해 건축물을 짓는 경우도 있다. 3D 프린터를 활용하면 인건비가 크게 감소한다. 주택의 사례를 보면 인건비의 감소로 건축 비용이 70% 감소했고, 건축 속도는 3배 증가하였다. 최근에는 3D 프린팅된 주택이 부동산에 등장하기도 했다.

3D 프린터를 활용한 건축

출처: 연합뉴스(19.12.01), 하루만에 뚝딱 3D 프린팅 건축.

정비부대가 무기체계 획득을

2017년 12월 국방부와 산업통상자원부는 '국방 3D 프린팅 융합·협력을 위한 업무협약'을 체결하였다.[2] 육, 해, 공군 정비창이 단종, 조달애로 부품 수요를 제시하면 제조혁신센터는 3D프린팅 제조기업과 함께 제작 가능성과 보급방안 검토한다. 2018년부터 단종부품에 대해 시범

2 국방부,산업통상자원부 보도자료('17.12.28) 자주국방의 기틀을 마련하기 위한 제조혁신! 산업부와 국방부가 힘을 합친다. – 3D프린팅을 활용한 국방부품 제조기술 확보를 위한 업무협약 체결

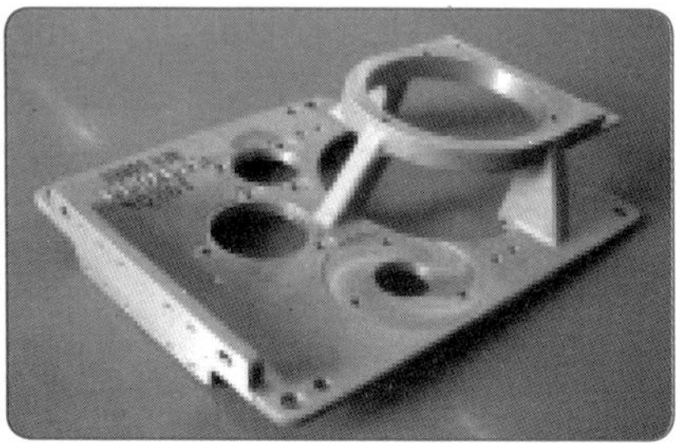

20mm 발칸 대공포 내부에 장착되는 하우징 조절팬

출처: 산업통상자원부 및 국방부 보도자료(20.02.28.), 3D프린팅으로 제작하는 국방부품, 국내 조달 길 열린다! — 국내 최초, 3D프린팅 제작 금속부품의 국방규격 마련.

제작이 시작되었고, 국방 3D 프린팅 전문인력을 양성하기 시작했다. 2020년에는 20mm 발칸 대공포 부품을 알루미늄 합금으로 주조하였다. 이 부품은 3D 프린팅 기술로 똑같이 제작하더라도 품질인증 기준이 없었기에 국방규격이 꼭 필요한 상황이었다. 방위사업법 개정에 따라 군수품의 품질과 제작법을 명시한 국방규격이 마련되면서 기준을 충족하면 누구나 부품을 생산할 수 있게 되었다. 특히 수입 의존도가 높은 부품을 국내에서 공급할 수 있게 된 것은 고무적인 일이다.

미 해병원정대 소속인 Combat Logistic Battalion 31(CLB-31)은 3D 프린팅 기술을 보유하고 있어 전방에 배치된 상태에서 항시 군수지원태세를 유지한다. 2018년 4월 16일 F-35B는 MEU의 훈련기간 동안 랜딩 기어 도어의 플라스틱 범퍼가 마모되는 일이 있었다. 작고 간단한 부품이지만 범퍼를 교체하는 유일한 방법은 전체 도어를 주문하

F-35B의 랜딩기어 범퍼를 제작 중인 모습

는 것이었다. 시간과 비용의 제약으로 NASC(Naval Air Systems Command)의 3D 부품 프린팅 프로세스를 활용하였다. 이 비행대대는 범퍼를 인쇄하여 비행기에 부착하였다. 이 문제를 해결하는데 단 며칠밖에 걸리지 않았다.

현재 정비부대의 3D 프린팅 기술은 신속 조달이 어려운 품목들을 임시적으로 제작하는 데 그치고 있지만 점차 확대되고 있다. 에어버스는 3D 프린터를 활용하여 무인항공기를 만드는 데 성공했다. 3D 프린팅을 활용한 무기체계 생산이 가능해졌다는 사례가 된다. 해군의 디젤엔진의 예를 들어보자. 디젤엔진은 해군 창설과 동시에 활용되기 시작했다. 과거에 비해 현재의 기술수준이 높아졌지만 내연기관의 구조적

에어버스 사의 3D 프린팅 무인항공기

특징이 크게 변하진 않았다. 이미 해군 정비창에서 가지고 있는 디젤엔진에 대한 기술력은 상당한 수준이다. 금속 주물이 가능한 현 시점에 해군 정비창은 디젤엔진을 직접 생산할 수도 있다. 현재까지도 대형 엔진은 해외에서 구매하는 경우가 많은데 자체 생산이 가능하게 된다는 의미이다. 미래의 무기체계 구매 사업은 설계도를 구매하는 방식으로 변경될지도 모른다. 무기체계의 3D 설계도를 구매하여 국내에서 생산하는 방식이다. 무기체계의 완성품을 구매하는 방식은 퇴보하게 될 것으로 보인다. 이미 3D 스캐닝 기술이 상당한 수준에 이르고 있고, 이를 즉시 설계도면으로 출력하기 때문이다. 해외에서 구매한 무기체계를 국내에서 3D 스캐닝하여 설계도를 제작하고, 3D 프린터를 활용하여 똑같은 무기체계를 제작할 수 있다. 무기체계 판매자의 입장에서는 무기체계를 판매함과 동시에 제작권을 넘기는 것과 유사해진다. 3D 프린터의 발전으로 인해 획득사업방법의 변화는 필연적일지도 모른다.

움직이는 군수부대

2018년 8월, 미 해병 AM팀(Additive Manufacturing Team, 적층 구조팀)은 미 육군공병연구개발센터에서 세계 최대의 콘크리트 3D 프린터로 40시간 만에 500제곱피트의 막사를 완성했다. 기존에는 나무로 막사를 짓는 데 보통 10명의 해병이 5일이 소모하지만 3D 프린팅 기술을 이용하면 콘크리트 프린터로 4명의 해병이 2일 이내 완성할 수 있었다. 같은 해

미 해병대의 3D 프린터로 막사를 짓는 모습

3D 프린터를 이용한 다리 제작

12월에는 캘리포니아 CP(Camp Pendleton)의 제1해병군수단은 해병대시스템사령부 첨단제조 운영셀과 육군공병대의 도움으로 3D 프린터를 이용하여 콘크리트 다리를 제작했다. 이들은 3D 프린팅 기술이 물류운영방식의 개선에도 큰 영향을 미칠 것이라고 예측했다. 신속한 전개기지 건설에서 병참선 확보까지 전투수행의 곳곳에 3D 프린터가 적용된다. 그뿐만 아니라 식품에도 활용된다.

미 육군은 이미 3D 프린팅 기술로 전투식량을 제조하여 시험 적용 중이다. 미국 육군 산하의 네이틱 군사연구개발 공학센터는 초음파 처리 기술을 적용하여 군용식품과 전투식량에 3D 식품 프린터 활용을 시도하고 있다. 이 기술은 웨어러블(wearable) 기술과도 접목된다.

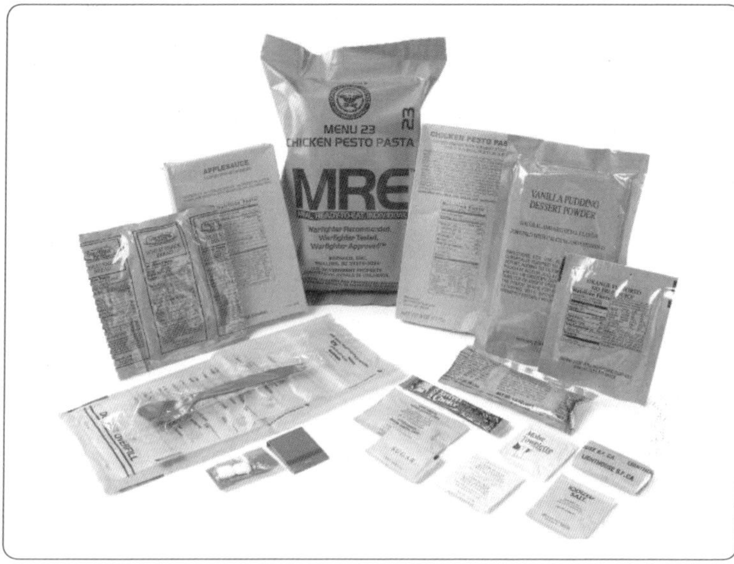

3D 프린팅된 미 육군의 전투식량

병사들에게 필요한 영양소를 측정하고 맞춤형 식사를 제공을 위한 연구가 진행 중이다. 보급로 차단 시의 원활한 대응과 식량 운송비 절감, 각 병사의 취향별 식품 선택권 부여, 음식쓰레기 발생량 저하, 전투식량의 유통기한 연장 등의 효과를 기대할 수 있다.[3]

3 미 육군 홈페이지

★★★★★

15

나노기술

SMART LOGISTICS

기술소개

나노는 그리스어 난쟁이(nanos)에서 유래된 말로 10억분의 1을 나타낸다. 1나노미터(nm)는 10억 분의 1m 길이이며 머리카락의 10만분의 1 굵기 정도이다. 나노기술은 물질을 나노미터 크기의 범주에서 분석하고 조작하여 개선된 소재, 소자 또는 시스템을 만들어 내는 과학기술이다(나노기술개발 촉진법). 이를 통해 특별한 기능을 가진 신 물질과 첨단제품의 생산이 가능하다.

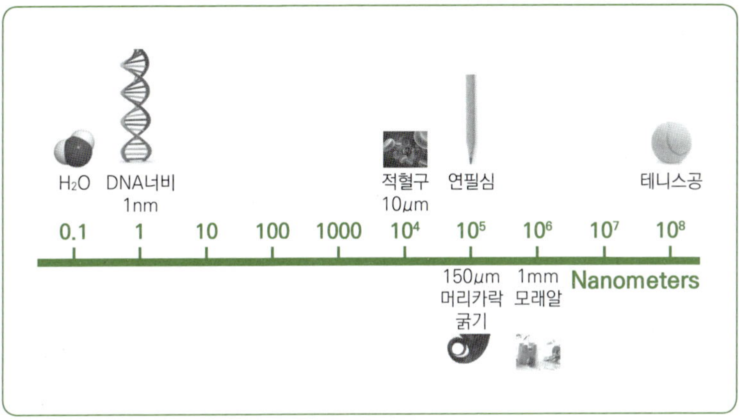

나노의 크기

출처: 롯데정밀화학 블로그(13.12.04.), 처음 만나는 나노의 세계!

최초에는 반도체에 접목하는 기술로 여겨졌으나 확장 가능성이 크다. 나노기술은 물리, 화학, 재료 전자기술 등의 기존 연구분야를 연결시켜주는 다리가 될 수 있다. 나노단위의 분석을 통해 융합산업의 핵심기술이 될 것으로 보인다(국가나노기술정책센터).

나노기술의 효과를 이해하기 위해서 예를 들어보자. 2,000m의 자동차 공장의 생산라인은 하나의 시스템이라고 볼 수 있다. 이 공장을 구성하는 요소들을 모두 나노기술로 축소시킨다면 50만분의 1미터가 된다. 이렇게 작은 공장이라면 사람의 피부 속에 그대로 이식하는데 문제가 없다. 병원, 식량 공장 등에 나노기술을 적용하여 사람에게 주입한다면 병에 걸리지 않고 굶주리지 않는 인류가 탄생할지도 모른다.

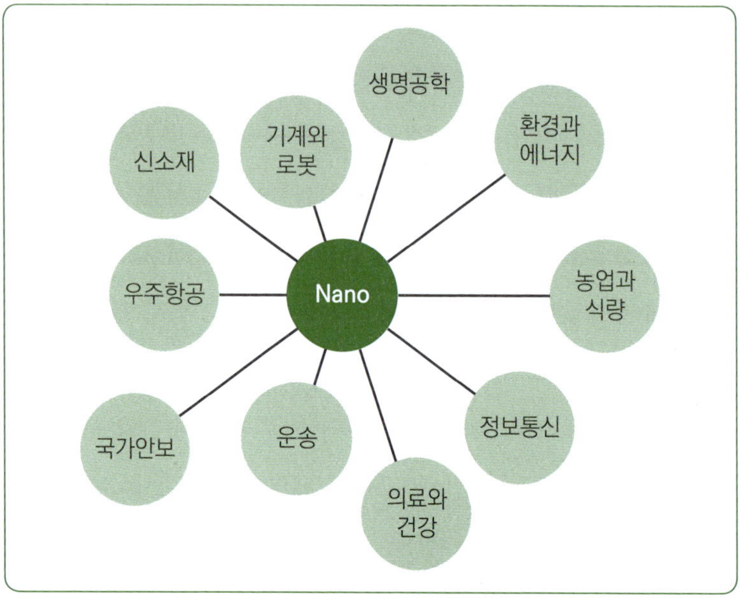

나노기술의 응용분야

나노기술의 응용분야는 무궁무진하다. 전자 및 통신, 재료, 의료, 생명공학, 환경공학, 국방, 항공우주 등 다양한 분야에 적용이 가능하다. 다양한 분야에서 나노기술이 응용된다면, 전쟁 또한 기존과는 완전 다른 양상으로 전개될 것이다. 무기체계의 소형화, 무인화를 바탕으로 적의 입장에서는 어떻게 공격당한지도 모른 채 전쟁이 끝날지도 모른다.

미국의 경우 국가 나노기술 주도전략(NNI, National Nanotechnology Initiative)를 추진하여 나노과학, 공학, 기술의 발견, 개발, 배치를 촉진하고 있다.[1] 독립적인 R&D프로그램이 아닌 부처별 사업의 연계정책으로 추진한다. 세부 목표 달성을 위해 다섯 가지의 프로그램을 통하여 실행하는데, 나노기술 시그니처 전략 및 그랜드 챌린지, 기초연구, 나노기술지원 응용, 연구기반시설 및 도구, 환경 및 보건안전으로 구성하고 있다. 유럽은 호라이즌(Horizon) 프로그램을 통해 나노기술의 안전한 개발과 적용을 보장하기 위해 노력 중이다.

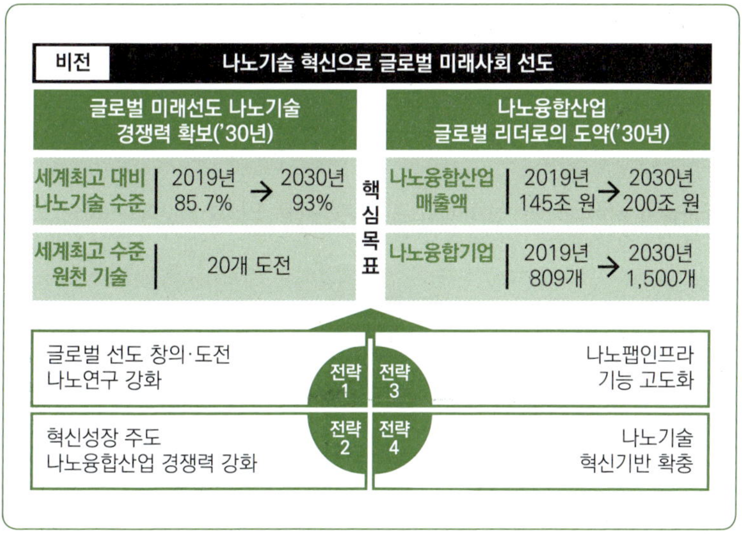

나노기술 로드맵

출처: 나노기술종합발전계획 2021-2030.

1 미 정부 나노기술 이니셔티브 홈페이지, https://www.nano.gov/

영화 '터미네이터'의 한 장면

출처: 영화 예고편 캡쳐.

우리나라에서도 나노기술종합발전계획을 수립하여 비전과 전략, 추진과제를 제시하고 있다. 나노기술 혁신으로 나노연구 강화, 혁신성장 주도, 나노융합산업 경쟁력 강화, 나노팹인프라 기능 고도화, 나노기술 혁신 기반 확충 등의 전략을 제시한다. 위 계획은 5년 단위로 계획을 수립하며 현재는 나노기술발전계획까지 수립되었다. 향후 10년에 대한 5+5의 계획이다.

나노기술은 미래의 근본적인 기술이다. 실용화되기까지는 상당한 시간을 필요로 하겠지만 파급효과가 매우 클 것으로 기대된다. '터미네이터 제네시스'는 세계 여러나라에서 개봉된 영화이다. 해외에서는 나노 하이브리드 터미네이터라고 부르는 나라도 있다. 영화 속 악당은 나노 하이브리드 기술(nano-hybrid technology)로 개발된 인간 개조형 로봇이다. 영화에는 사람이었던 악당이 로봇으로 변하는 과정이 나온다. 수천 수조개의 나노로봇들이 사람의 몸에 침투하여 몸의 구성체를 모두 나노 로봇화한다. 이와 같은 로봇이 만들어지기 위해서는 앞으로도 상당한 시간이 걸릴 것이다. 그러나 이런 기술들이 현실에 존재하는 세계를 불가능한 미래라고 단정할 수는 없다. 이미 바이오 하이브리드(bio-hybrid) 형태의 의수들을 이미 환자에게 장착해주고 영화에서 나오던 액체 금속을 이용한 로봇을 시험하고 있는 단계에 이르렀기 때문이다.

발전과정

나노기술이라는 용어가 처음 사용된 것은 일본의 타니구치(Norio Taniguchi)가 1974년에 도쿄에서 열린 컨퍼런스에서 였다. 타니구치는 초정밀 재료가공기술 연구에 나노기술을 활용했다. 최초로 나노기술에 대해 언급한 것은 미국의 리처드 파인만(Richard Feynman)의 1959년 연설 'There's plenty room at the bottom'에서였다. 연설에서는 분자 수준 물질의 성질을 제어하고 조작에 대해 언급한 바 있다. 이후 원자간력 현미경(atomic force microscope)이 개발되면서 나노 물질의 형상화가 가능하게 된다. 나노기술이 본격적으로 널리 알려지고 다양한 분야에서 연구되기 시작한 것은 2000년대 들어서이다. 2003년 미국 NSF와 DOC의 공동보고서 'Converging technologies for improving human performance'에는 나노기술은 생명과학, 정비기술, 인지과학과 융합되어 인류의 과학기술 문제 해결의 핵심이 될 것이라고 연구되었다.

민, 군에서의 활용

나노기술 문제점으로 나노입자 자체의 독성, 나노물질이 인체로 침투하는 경우, 나노입자의 환경오염 가능성 등이 꼽혀진다. 나노입자가 인간의 신체에 주입되면 어떤 반응을 보일지 알 수 없다. 과거 기적의 광물로 여겨졌던 석면이 폐에 흡입이 되면 폐암 및 각종 질병을 유발하는 것과 같다. 침투 경로도 문제가 될 수 있다. 호흡이나 피부를 통해 체내로 유입이 가능하며 세포막을 자유자재로 투과할 수 있다. 폐나 심장 등 여러 기관에 영향을 미칠 수 있고 심지어 뇌까지 침투가 가능하다. 더 나아가 DNA까지 파괴될 수 있는 위험성이 제기되고 있다.

나노 입자의 환경오염 가능성 또한 제기된다. 미국 환경보호처(EPA)는 삼성전자의 은 나노 세탁기에 대해 안전성을 입증할 증거를 제시하라고 요구하고 있고 '은 나노 입자로 살균이 가능하다면 제초제나 살충제와 같은 효과를 내는 것이 아니냐?' 하는 의문을 제기한다. 삼성

나노기술 활용 예시

은 이미 안전성을 입증하였다고 답하였다. 미국 환경보호처가 제기한 의문처럼 나노입자는 공중보건과 수자원에 해를 끼칠 수 있으며, 인체를 비롯해 자연환경 속에 존재하는 모든 생명체에 영향을 미칠 수 있는 가능성이 존재한다. 그들은 정밀하게 정제된 입자들인 만큼 안정적으로 오랫동안 자연계에 존재할 수 있으며 생물 농축도 가능하다.

나노기술은 현재까지도 소재분야 외에는 실용화된 부분을 찾기 힘들다. 가장 많이 발전된 소재분야도 나노기술 연구중 초소형화, 융합소재 기술 정도만 가능해진 수준이며 근본적인 나노기술의 목적지에 도달한 경우는 찾기 힘들다.

나노기술 연구개발은 군사용 재료와 시스템(국방과 국토안보 포함)에서 큰 역할을 한다. 미국 국방성(DoD)은 주요 연구 투자자로, 재료 연구, 전자기기 연구, 생물화학 보호 연구 등 나노기술에 대한 연방 투자액의 상당 부분을 지출하고 있다. 군사용 애플리케이션에는 의약품, 생물학 및 화학 센서, 폭발물, 컴퓨터용 전자제품, 발전 및 보관용 전자제품, 차량, 코팅, 필터, 직물 제작용 구조재료 등 광범위한 영역이 포함되며, 이들 애플리케이션 중 상당수는 비군사용도 있다.

나노기술은 북한에서도 큰 관심을 보이고 있다. 김정일 집권시기에 입안된 과학기술발전 5개년 계획(2003~2007)에는 나노기술을 첨단기술연구 대상으로 선정 이후 지속적으로 투자를 늘려가고 있다. 나노기술을 이용한 소형 핵탄두가 개발된다고 가정해보자. 세계적인 항공분야 간행물 Jane's All the world's aircraft[2]에는 나노 핵탄두에 대해 경고한바 있다. 작아지고, 가벼워지며, 이송이 편리하고, 숨기기도 쉽다. 나노기술에 세계에 널리 알려진 시기는 2003년도였다. 북한의 나노기술 연구 시작 시기와 유사하다. 북한이 나노기술에 중점적으로 투자를 시작한지 약 20년이 지났다. 군사적 활용을 목적으로 연구 중인 북한의 나노기술은 이미 상당한 수준에 이르렀는지도 모른다.

---

2 Janes 홈페이지, Janes.com

Nanotech Could Make Nuclear Weapons Much, Much Tinier

Charlie Jane Anders
Filed to: FUTURE WEAPONS 10/09/09 9:30am

9,738

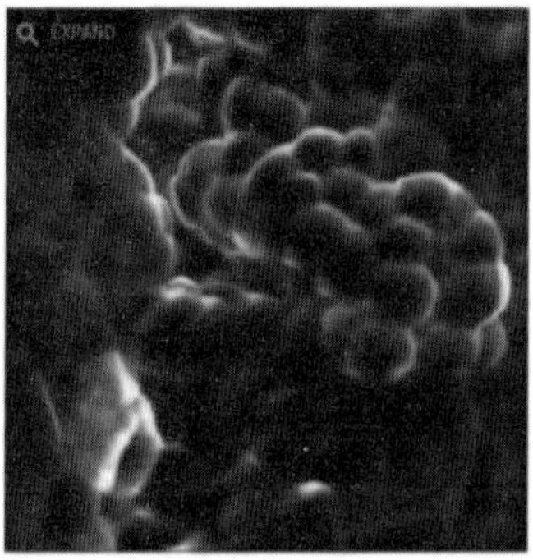

Are you ready for nano-weapons of mass destruction? Nanotechnology could be used to create "miniaturized nuclear weapons" that would have virtually no fallout, and super-efficient bioterrorism, warns Jane's Defense Quarterly. And they could be triggered with a super-laser!

A new article in the Miami Herald raises a terrifying prospect for nanotech warfare:

> *Jane's, the London-based research group that publishes the industry standard Jane's All the World's Aircraft, warns that nanotechnology can be used to create entirely new hazards such as miniaturized nuclear weapons that are smaller, lighter, easier to transport and hide and smuggle into unsuspecting countries. It says nano techniques designed to deliver medicines in a more-targeted way also can deliver toxic substances in a form of bioterrorism.*

Nanotechnology, in which materials are machined on a molecule-by-molecule, or atom-by-atom basis, could produce super-nukes that are so tiny, they don't technically qualify as weapons of mass destruction, Jane's has warned in past articles.

In one 2003 article, Jane's warns that "some advanced technology, such as superlaser" could trigger a relatively small thermonuclear explosion involving a deuterium-tritium mixture, in a device weighing no more than a few kilograms. The device could go from a fraction of a ton to "many tens of tons" of high-explosive equivalent yield, and because they use little to no fissionable materials, they would have "virtually no radioactive fallout." Self-replicating nanotech could also produce conventional weapons in such quantities that they would become WMDs.

나노핵탄무기에 대한 기사

출처: Jane's all the world aircraft.

나노기술은 화학무기로 개발되어 생화학 테러 활용될지도 모른다는 우려가 있고 한편으로는 나노기술은 제2의 피부를 만드는 기술이므로 생화학 공격에 방어할 수 있다는 의견도 있다. 미국의 랜드(RAND) 연구소는 '나노전쟁 시나리오와 미래전쟁'을 통해 나노기술을 활용한 전투복의 실용화를 추진 중이다. 모든 전투원의 네트워크 연결을 기초로 네트워크 중심전(NCW, Network Centric Warfare) 구현하게 된다. 우선적으로 이 기술은 경계, 대공방호, 정찰, 정보 통신 등에 방어형 나노무기 형태로 투입된다. RAND는 2025년 목표로 나노무기대 나노무기의 교전이 일어날 수 있다고 하였다.

미래 군에 접목 가능한 영역으로는 온도 변화에 대한 내성이 큰 의류, 보안 감시 강화로 보호 강화, 소형 카메라, 저렴하고, 작고, 효과

나노 무인항공기 플리어 블랙 호넷

출처: FLIR 홈페이지.

적인 무기, 해양 탐험, 인적 성과 증대, 스크래치 방지 표면, 더 강하고 얇고 저렴한 유리, 물체의 모양(예: 갑옷과 같은 직물) 변경, 품질이 저하되지 않는 코팅(재도색 불필요), 투명화, 집중적인 의료 지원 시간 단축, 연료를 적게 사용하는 가볍고 빠른 항공기, 레이더에 탐지되지 않는 잠수함과 비행기 등이 주목받고 있다.

나노기술은 아직 상상의 영역이 크다고 본다. 무조건적으로 작게 만들거나 분자들의 좋은 기능만을 선택적으로 추출하여 융합할 수 있는게 아니기 때문이다. 세상에 존재하는 무수히 많은 분자들이 가지는 특징요소들의 수를 조합하는 경우의 수는 상상도 할 수 없다.

★★★★★

16

로봇기술

SMART LOGISTICS

기술소개

로봇(robot)은 복잡한 일련의 동작을 자동으로 수행할 수 있는 기계, 특히 컴퓨터로 프로그래밍할 수 있는 기계이다. 제조공장에서 조립, 용접, 핸들링 등을 수행하는 자동화된 로봇을 '산업용 로봇'이라 하고, 환경을 인식하고 스스로 판단하는 기능을 가진 로봇을 '지능형 로봇'이라 부른다. 사람과 닮은 모습을 한 로봇을 '안드로이드'라고 한다. 로봇을 형태가 있으며, 자신이 생각할 수 있는 능력을 가진 기계라고도 부

영화 스타워즈에 등장하는 만능 로봇

출처: 영화 스타워즈의 예고편 캡쳐.

른다. 인공 동력을 사용하는 로봇은 사람과 함께 일하거나 사람을 대신하여 일하기도 한다. 통상 로봇은 제작자가 계획한 특정한 업무를 수행하도록 설계된다. 영화 '스타워즈'에는 사람과 같이 생각하고 행동하면서 필요시에는 전투지원까지 하는 만능 로봇이 등장한다. 현재까지의 기술수준으로 만능 로봇의 구현에는 한계가 있다. 인공지능이 크게 발전하고 있음에도 불구하고 로봇의 활동 범위는 '제작자의 설계' 분야에 국한되기 때문이다.

로봇을 통제하는 로봇

출처: 현대건설 홈페이지.

현대건설은 언택트 시대의 로봇 활용을 강조하며 건설 지원 로봇이나, 가정용 다용도 로봇의 미래를 그리고 있으나, 이들도 영화에 나오는 로봇과 같이 만능형은 아니다. 로봇을 통제하는 로봇과 같은 경우에도 제조 공정을 통제하는 기능을 갖추었을 뿐 직접 공정에 투입하라는 지시는 수행하지 못한다. 페드로 도밍고스(Pedro Domingos)의 마스터 알고리즘(master algorithm)을 통해 그 이유를 가늠해볼 수 있다. 만능형 로봇이 실현화되려면 현실에서 일어나는 다양한 상황을 학습하고 실시간적으로 판단하는 기능이 가장 먼저 필요하다. 로봇은 컴퓨터 프로그래밍을 기반으로 설계되기 때문에 여러가지 알고리즘이 합쳐지는 경우 상황에 맞는 알고리즘을 선택할 수 있어야 한다. 한 가지 업무에도 적용할 수 있는 알고리즘의 수는 무수히 많다. 운반작업용 로봇의 알고리즘을 개발했다고 가정해보자. 이 로봇은 물류 산업의 파레트 운반에는 탁월한 능력을 가졌다. 여러가지 물건들의 크기와 무게를 고려하여 운반 차량의 사이즈에 맞는 최적의 적재가 가능하다. 이 로봇은 가정용 가구 이동은 제대로 수행하지 못할 수 있다. 알고리즘의 최적화가 산업의 물건 적재와는 상황이 다르기 때문이다. 페드로 도밍고스는 알고리즘이란 특정 작업에 최적으로 적용되도록 설계되기 때문에 무엇이든 할 수 있는 알고리즘의 개발은 쉽지 않다고 말한다. 이런 작업이 가능하기 위해서는 상황에 맞는 알고리즘을 선택할 수 있어야 하는데 현실의 상황은 무수히 많고, 문제 해결을 위한 알고리즘의 종류도 너무 많기 때문에 적절한 알고리즘의 선택은 어렵다.

발전과정

로봇이란 용어는 체코슬로바키아의 극작가 카렐 차페크(Carel Čapek)가 1920년에 발표한 희곡 "R.U.R"에 사용하였다. 이것이 널리 퍼지게 되었다. 로봇의 어원은 체코어로 노동을 의미하는 Robota이다. 로봇은 1956년 게오르게와 데볼이 사물운반을 위해 프로그래밍 가능한 매니풀레이터(Maniulator)를 개발한 것이 최초로 알려져 있다. 1961년에 포드

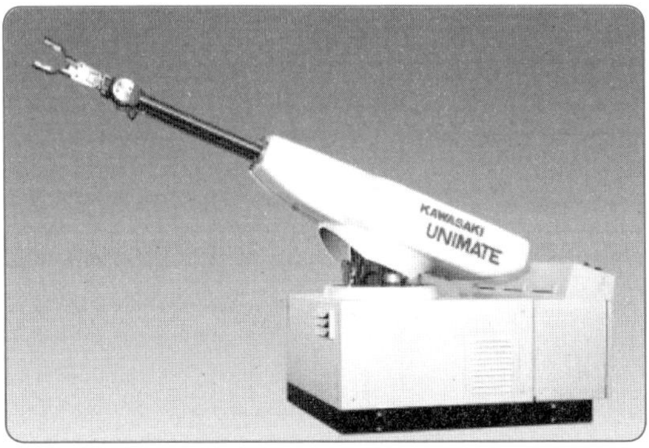

일본의 카와사케 로봇

사에는 최초로 산업용 로봇 유니메이트(Unimate)가 적용되었다. 전 세계적으로 로봇 개발을 자극시킨 것은 1969년 일본의 산업용 로봇 카와사케 유니메이트(Kawasake Unimate)였다. 이후 로봇의 발전이 급속화되면서 1980년대에는 서비스용 로봇이 등장하기 시작했다.

로봇에 대한 기술적인 발전은 군 내·외에서 이뤄지고 있지만, 자동적 방어체계와 자동적 공격체계와 관련해서 법적, 윤리적 쟁점은 끊임없이 대립되고 있다. 반대론의 주요 쟁점은 인간 존엄성과 인간의 삶을 훼손 시킬 수 있다는 점이다. 찬성론에는 전쟁을 줄일 수 없다면 차라리 로봇을 활용해 방위비 부담과 인명 손실을 최소화하자는 의견이 쟁점이 되고 있다. 인공지능 무기개발은 지속적으로 발전하고 있으므로 국제인도법과 국제인권법의 원칙에 부합할 수 있는 길을 모색해야 한다.

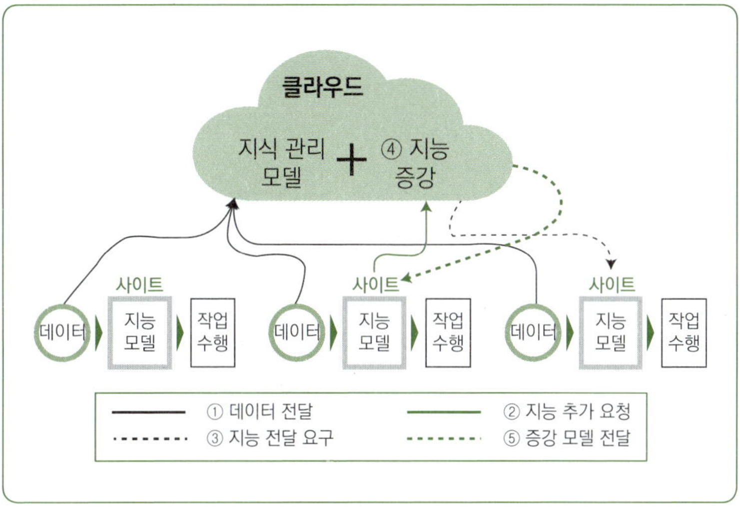

클라우드 서버를 활용한 지식 공유형 로봇의 개념도

출처: 노상준, 김종원, 유연국, 이주순, 신성호, 이규빈 (2021). 로봇 산업에서의 인공지능 활용 현황 및 전망. 한국통신학회지 (정보와통신), 38(4), pp.39-44.

로봇은 인간이 하기 싫어하는 반복적이고 위험한 임무를 수행하는데 있어 인간을 대체하거나, 크기 제한 때문에 할 수 없거나, 우주나 바다 밑바닥과 같은 극한 환경에서 일어나는 일을 대신했다. 로봇의 사용 증가와 사회에서의 역할에 대한 우려가 있다. 로봇은 점점 더 많은 기능에서 노동자를 대체하면서 기술 실업이 증가하는 원인으로 지목되기도 한다.

기존의 산업용 로봇들은 인간이 수행하기 힘든 3D(Dirty, Difficult, Dangerous) 환경에 도입되어 단순 반복적인 일을 진행하였으나, 앞으로는 복잡한 데이터는 클라우드 서버에서 처리하고, 로봇은 비정형 환경에서 작업을 수행하는 방향으로 이뤄질 것이다. 클라우드 서버를 활용한 로봇은 상황에 맞는 적절한 알고리즘을 탐색할 수 있을 것이다. 이 로봇들은 내장형 알고리즘을 가지는 로봇에 비해 상황 판단력이 우수할 것으로 판단되어 관련분야의 연구가 활발히 진행 중이다. 다른 환경에서 학습한 모델을 가지고 있는 로봇들이 클라우드 서버로 공유가 되어 정보가 제공된다.

민, 군에서의 활용

영국 국방부는 2030년까지 영국 군인의 4분의 1인 약 3만 명을 로봇으로 대체할 전망이라고 밝히며, 영국 총리는 향후 4년간 165억 파운드(약 24조 원)를 추가 투자하여 군 현대화를 이끌겠다는 계획을 발표했다. 로봇의 확산은 사람들의 업무 중에서도 위험한 업무분야에 먼저 배치된다.

전, 평시 전투원을 대신해 지뢰와 급조폭발물 등을 탐지하고 제거하는 역할, 병력 피해를 최소화하는 역할을 수행하는 폭발물 탐지 및 제거 로봇이 2017년 개발을 시작하여 2019년 기술 성숙도(TRL, Technology readiness level) 6단계를 획득했다. 6단계 TRL은 유사환경에서 적용할 수 있는 프로토타입의 생산 가능 수준이다. 2020년 탐색개발을 기초

폭발물 탐지 및 제거 로봇

팩봇

출처: FLIR사 홈페이지.

로 체계개발을 한화와 계약하여 폭발물 및 지뢰 탐지 성공률을 높이고, 보다 안전하게 폭발물을 제거할 수 있는 폭발물 탐지, 제거 로봇을 개발하는데 성공하였다. 실전 배치를 통해 병력 손실을 예방하고 공병부대의 임무수행 능력을 향상할 수 있게 됐다는 평가를 받고 있다.

유사한 기능을 수행하고 있으나 팩봇(PackBot)은 로봇의 휴대성과 기능성 측면에서 좀더 진보된 것으로 보인다. 팩봇은 사람이 들고 운반할 수 있는 로봇으로 폭발물 해체, 감시 및 정찰, CBRN(화생방 및 핵무기, Chemical, Biological, Radiological, Nuclear) 탐지 및 처리 작업을 수행한다. 팩봇 510은 계단을 쉽게 오르고 좁은 통로로 이동할 수 있으며 실시간으로 영상, 오디오 및 센서 데이터를 안전한 원격 거리에 떨어져 있는 운영자에게 전송할 수 있다. 조작 장치는 최대 20kg(44lb)까지 들어 올릴 수 있다. 혼자서도 2분 이내에 현장에 배치할 수 있다. 로봇은 트렁크에도 보관할 수 있을 정도로 휴대성이 우수하다. 아프가니스탄에서 2000년대 이후 실전에서 사용되었고, 후쿠시마 원자력 발전소에 투입되기도 하였다.

로봇들은 군에 있어서도 인간 병사들의 3D 업무를 대체하는 수단으로 활용되는 추세이다. 현재 군에 적용된 로봇들은 탐지와 업무처리식의 단순한 기능만을 수행하고 있으나, 인공지능을 함께 적용한 로봇의 적용에 대해 연구되고 있다.

군수사령관의 보좌관이 된 창고로봇

육군종합보급창은 전군 최대규모의 물류허브다. 물류 자동화 시스템이 도입되어 로봇들이 창고에 물품을 적재하고 청구 물품을 꺼내온다. 이 로봇들은 레일을 따라 움직이며 10만점 이상의 물품들의 운송을 책임진다. 물품들의 위치는 컴퓨터에 자동으로 입력되어 운용자가 전체 물품들의 수량과 위치를 관리할 수 있게 된다.

현재 육군종합보급창의 로봇은 단순히 물품의 운송과 적재 기능만을 담당한다. 청구되어 불출 지시를 받으면 물품을 찾아와 배송준비를 한다. 수리부속 예측 알고리즘이 적용된 상황을 고려해보자. 수리부속 예측에는 잔여 물품의 수량도 중요한 정보로 반영된다. 목표 재고량 20개인 품목의 내년도 소요 예측량이 10개이고, 현 재고량이 20개라면 수리부속을 추가적으로 구매할 필요가 없다. 알고리즘은 적절한 적정 재고량도 계속 갱신한다. 목표 재고량은 20개였으나 과거 실적들과 전쟁 시뮬레이션을 통해 최적 재고량이 계속 갱신된다. 물품 구매시 창고에 입고되는 때까지의 리드타임도 예측된다. 창고로봇의 목표재고량 도출에는 창고 내 물품 배치현황을 기반으로 향후 확보될 공석의 양과 입고될 수리부속의 양을 계산하여 결정된다. 창고 로봇임에도 불구하고 군의 전체적인 정보를 모두 필요로 한다. 부대의 군수 현황, 전시에는 전투 진행상황에 따른 향후 군수품 소모 추이, 상황에 따른 군수사령관의 의사결정 가능 경우의 수와 확률 등이 모두 수집된

육군종합보급창 물류 자동화 로봇

다. 이를 바탕으로 최적의 군수지원방법을 산출하여 군수사령관의 결심을 받는다. 의사결정된 정책은 즉시 집행된다. 물품을 창고에서 꺼내서 포장한다. 포장하는 동안 로봇은 최적의 배송방법을 재산출한다.

청소로봇에서 보급수송 로봇으로

과거에는 사람이 탑승하여 큰 공장의 바닥을 청소하는 등의 모습을 볼 수 있었으나 이제는 가정용 청소기가 상용화되어 널리 쓰이고 있다. 가정용 청소로봇은 일정시간마다 스스로 집안 곳곳을 돌아다니며 청소를 하고 다시 제자리로 돌아와 스스로 충전기에 연결한다. 로봇의 몸체에는 위치 센서가 달려 벽이나 난간이 있는 경우 피해간다.

청소로봇의 예시

이동로봇

청소로봇은 위치센서, 주변 사물 탐지센서, 이동장치로 크게 구성된다고 할 수 있다. 흔히 통칭하여 이와 같은 로봇들을 이동로봇이라고 한다.

창고로봇에 이어 이동로봇이 도입된 종합보급창을 상상해보자. 현재 육군종합보급창에서의 물품 포장과 차량 적재는 병사의 손을 필요로 한다. 창고 로봇은 규격화된 배송박스에 물품들을 적절하게 포장한다. 창고에서 불출한 물품들은 창고 전반에 설치된 이동로봇(moving robot)에게 물품을 적재해주게 될 것이다. 이동로봇은 바닥의 표시나 전선을 따라가거나 비전이나 레이저를 사용하여 목표 위치로 이동하게 된다. 이동로봇은 상단에 배송 대상 물품들을 적재한채 차량으로 이동한다. 이동로봇의 이동경로는 차량 내부까지 연결되어 승하차에 사람의 투입이 불필요하다. 이동로봇이 차량에 보급품 적재한

뒤에는 다시 내려오지 않는다. 그대로 차량에 함께 탑승하여 보급 지점까지 함께 이동한다. 물품을 청구부대 창고에 적재시켜준 뒤 다시 차량에 탑승하여 종합보급창고로 돌아온다.

이와 같이 자동화된 창고로봇과 보급수송 시스템에는 검수가 불필요하다. 보급품이 청구부대로 이송되면 보급품 검수담당은 물품들이 청구한 내용대로 왔는지 확인하게 된다. 자동화 시스템에서는 창고 불출부터 현지부대 보급창고 적재까지 직선적으로 이루어진다. 중간에 물품을 하역하고 다시 싣는 과정이 생략된다. 인력으로 이루어지던 보급의 시스템을 자동화하면서 동시에 사람의 실수를 방지할 수 있다.

ADD에서 개발된 견마로봇은 전장을 누비며 다닌 수 있도록 설계된 다목적 로봇이다. 2006년부터 개발이 시작되었다. 최초의 개발 목적은 지뢰탐지, 제거 및 순찰이었으나 경계 및 소, 중대급 전투 지원, 나아가 직사포나 미사일의 중화력 장비 장착도 가능하다. 오프로드에서의 활용도도 높을것으로 보고있다. 모듈형식의 장착이 가능하다면 작전 중 전투를 지원하고, 순찰과 대응업무를 수행하며, 전방 전개 부대 내에서의 물품이동에도 활용될 수 있다.

견마로봇

기타 민간에서 활용 중인 로봇

국제로보틱스연맹(International Federation of Robotics)은 서비스 로봇을 인간과 장비의 복지에 유용한 서비스를 수행하기 위해 반(半) 또는 완전 자율적으로 작동하는 로봇(제조업 제외)이라는 정의를 내놓았다. 군수지원 업무는 민간의 서비스 업무와 유사한 점이 많다. 서비스 로봇들의 활용 측면을 확인함으로서 군에서의 활용 가능성을 제고할 수 있다.

교육용 로봇은 교사를 보조하거나, 사용자와 대화하며 교육을 담당하는 '교사보조 로봇'과 창의성을 육성하기 위해 로봇을 사용자가

교육용 로봇 뮤지오

출처: 뉴스와이어(21.12.14.), 산북중학교, 인공지능 교육용 로봇 '뮤지오' 도입.

직접제작하는 '교보재 로봇'으로 분류되는 지능형로봇이다. 대한민국의 교육서비스산업이 매우 큰 것을 고려할 때, 로봇을 이용한 교육산업의 진출은 매우 전망이 클 것으로 기대된다. 우리나라의 한 중학교에서는 교육용 로봇을 도입하여 학생들의 수준에 맞는 영어회화 교육을 시행하고 있다. 군사교육 분야에 활용되면 개인의 능력 차이에 따라 직무교육을 수행할 수 있을 것으로 보인다.

모듈형 로봇은 로봇의 구조를 모듈화하여, 사용 증가를 위해 고안된 신품종 로봇이다. 모듈형 로봇의 기능성과 효율성은 기존 로봇에 비해 높은 편이다. 이 로봇들은 다양한 크기의 다양한 기능의 모듈로 구성되어 있다. 모듈러 로봇 기술은 현재 하이브리드 운송, 산업 자

NASA가 개발한 모듈형 로봇

출처: NASA Ames Research Center.

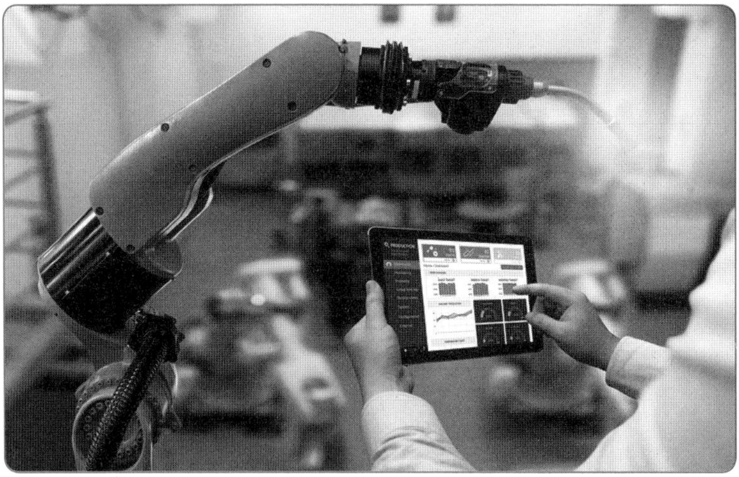

스마트 공장에 적용 중인 모듈형 로봇의 제어

동화, 덕트 청소 및 취급에 적용되고 있다. 많은 연구소와 대학들도 이 기술에 초점을 두고 프로토타입을 개발하고 있다. 모듈형 로봇은 어떤 모듈을 설치하는가에 따라 사용처가 다양해질 수 있다. 견마로봇에 모듈형 로봇의 기능이 추가된다면 전개부대의 대부분의 업무를 도울 수 있게 된다. 모듈형 로봇은 특히 정비부대에 유용하게 활용될 수 있다. 군용 장비의 수는 굉장히 다양하고 이들을 정비하기 위한 툴도 모두 다르다. 모듈형 로봇이 정비하기 위한 장치들을 모듈형식으로 장착하고 해당 정비 알고리즘을 구동시킬 수 있다. 장비들은 복잡하게 구성되어 사람의 손이 닿지 않아 탈착해서 정비해야 하는 경우가 많다. 이런 경우에도 모듈형 로봇은 정비 모듈을 좁은 틈 사이로 접근시킴으로서 장비분해나 조립에서 걸리는 공정을 생략할 수 있게 된다.

★★★★★

17

가상, 증강현실

SMART LOGISTICS

기술소개

가상현실(VR, Virtual Reality)은 컴퓨터 등을 사용한 인공적인 기술이다. 실제와 유사하게 모사한 특정 환경, 상황 또는 기술 자체를 의미한다. 가상의 환경에서 공간적, 시간적 체험을 함으로서 상상 세계에 진입할 수 있게 한다. 가상현실 사용자가 가상의 환경과 상호작용하기 때문에 기존의 시뮬레이션과는 다르다.

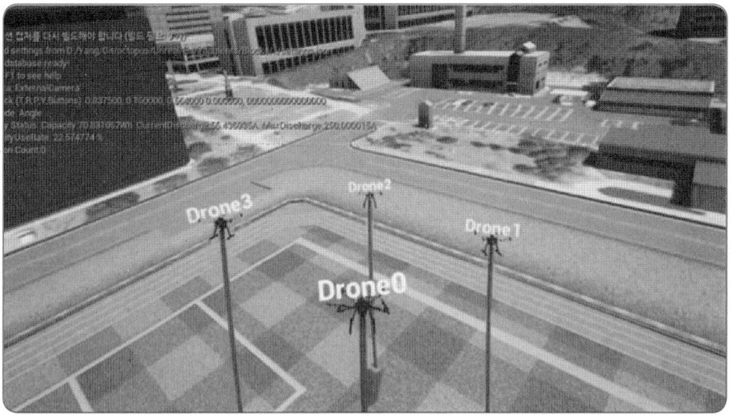

가상환경에서의 대규모 드론 운용 시뮬레이션

주변 사물들의 정보를 제공하는 증강현실

증강현실(AR, Augmented reality)은 가상현실의 한 분야이며 공간적 특징으로 구분할 수 있다. 가상현실의 공간은 가상으로 생성된 공간이다. 실제의 공간을 유사하게 모사하더라도 가상의 공간이기 때문이다. 증강현실에서는 실존 환경에 가상의 사물이나 정보를 합성한다. 증강현실에서는 가상의 사물이나 정보가 실제 사물처럼 보이게 한다. 즉 현실을 바탕으로 정보를 증강시켜 보여주는 컴퓨터 그래픽 기술이다.

증강현실의 이런 특징은 단순히 게임이나 시뮬레이션에 국한된 기존의 가상환경과의 활용성 측면에서 차이가 난다. 증강현실 디스플레이 기술에는 유비쿼터스 컴퓨터 환경이 큰 역할을 한다. 일상적인 사물과 장소가 정보교환의 대상이 되기 때문이다. 현재까지 증강현실 기술은 고정된 사물에 국한되며 움직이는 대상에 대한 증강현실은 매우 제한된다.

발전과정

가상현실 개념은 스탠리(Stanley G. Weinbaum)의 공상 과학소설 피그말리온의 안경에서 처음으로 소개된다. 소설의 내용은 1950년대부터 연구가 시작되었고 1965년 이반 서덜랜드(Ivan Edward Sutherland)가 헤드 마운티드 디스플레이를 개발하면서 가상현실 기기가 처음 등장하게 되었다. 일반적으로 가상현실이라는 용어가 퍼지게 된 것은 1987년

증강현실 게임 포켓몬고

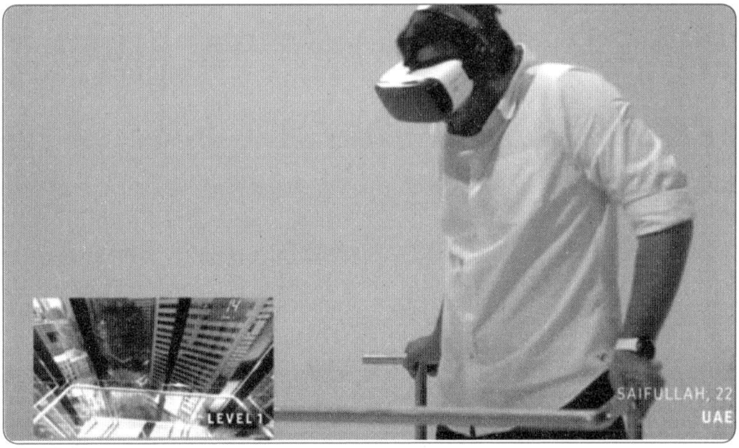

가상현실을 활용한 고소공포증 치료

제런 레니어(Jaron Lanier)가 가상현실용 고글과 장갑을 개발한 뒤이다.

과거의 가상현실과 증강현실은 특수한 목적을 가진 조직들만이 활용하였다. 20세기에는, 군, NASA 등 전문조직에서만 활용되었다. 21세기에 와서 대중들의 생활에서 활용되기 시작했다. 결정적으로 일반인들이 증강현실 기술을 체험하기 시작한 것은 구글의 증강현실 게임 포켓몬고(Pokémon GO)가 출시되면서 부터이다. 구글은 GPS 기술과 증강현실 기술을 접목하여 휴대폰에도 증강현실을 접할 수 있게 하였다.

민, 군에서의 활용

현실성 높은 게임에서 모의 전쟁 수행으로

가상현실의 조건에는 3차원 공간성, 실시간적 상호 작용성, 몰입 등이 있다. 3차원 공간성이란 사용자가 실제 물리적 공간에서 느끼는 상호작용과 유사해야 한다는 점이다. 가상공간 생성을 위해 현실 공간의 물리적 환경을 컴퓨터에 입력하고 3차원 가상공간으로 출력해야 함을 의미한다. 가상현실은 컴퓨터 과학, 컴퓨터 그래픽, 통신, 예술, HCI(Human Computer Interaction), 로보틱스 등의 분야에서 활발히 연구되고 활용된다. 군에서는 특전사의 고공낙하 훈련이나, 잠수함 훈련 시뮬레이터 등이 실전 배치되어 활용되고 있다.

육군 특전사의 고공 강하 조종술 가상환경 시뮬레이션 훈련

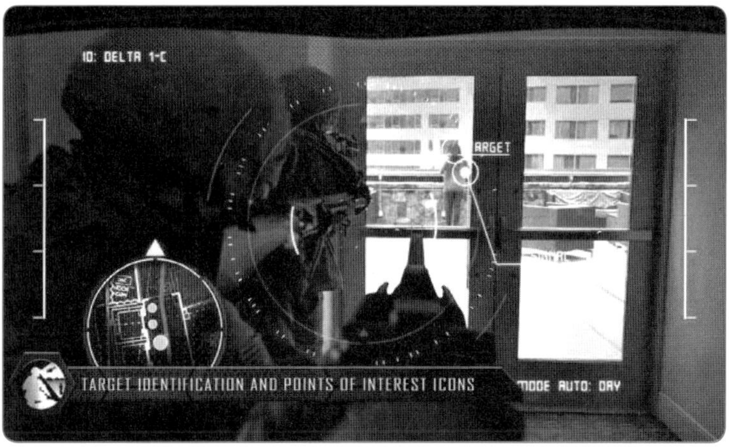

미 육군의 증강현실 전술훈련

증강현실 정보화된 인공물이 가득 채워지게 되면 물리적 공간의 성격 자체가 변화하게 된다. 사용자가 보고 있는 실사 영상에 3차원 가상영상을 겹침으로서 현실 환경과 가상화면과의 구분이 모호해지도록 한다는 뜻이다. 미 육군은 이미 증강현실을 이용한 전술훈련 시스템을 갖추고 있다. 증강현실 기술에는 인공지능이 포함된다. 병사가 사용하는 조준경에 설치된 증강현실 디스플레이는 표적에 대한 정보 제공되어야 하기 때문이다. 미 육군의 현재 기술수준이 어느정도 인지는 정확히 공개되지 않고 있다. 다만 증강현실이 인공지능과 결합되어야 함은 당연한 미래라고 여겨진다.

우리가 알고있는 정보는 증강현실 디스플레이어 표시될 것이다. 증강현실로 디스플레이되는 것은 입력된 정보라는 점에 주목해야 한다. 입력되지 않은 정보는 표시되지 않기 때문이다. 증강현실은 디스플레이 기술일 뿐 표적에 대한 정보는 컴퓨터에서 식별한다. 디스플레이에 장착된 카메라가 영상 정보를 송신하면 인공지능은 영상정보를 분석하여 적인지 아군인지 구분해야 한다. 자세한 예시는 인공지능 분야의 소개를 참조하라.

군사용 증강현실 디스플레이를 생각할 때 적외선 카메라 또한 빼놓을 수 없다. COVID-19의 여파로 어느 정도 규모가 있는 건물의 입구에는 적외선 카메라가 설치되어 고객의 체온을 측정한다. 군사용 증강현실에서는 열영상 화면 상에서의 적아 식별이 가능해야 할 것이다.

현실과 다른 군 교육 시스템의 몰락

해군은 차세대 잠수함의 정비교범에 가상현실과 증강현실의 도입을 검토하고 있다. 가상의 정비환경에서 정비원은 증강현실용 보조장치(정비 컨트롤러 등)를 활용하여 정비과정을 체험할 수 있다. 가상환경에서 정비과정을 이해한 정비원들의 실제 정비 중에는 증강현실의 도움을 받을 수 있다.

인공지능 기반의 증강현실 정비를 상상해보자. 가상환경을 경험한 환경이 실제 장비로 변했다는 점을 제외하면 동일하다. 증강현실용 장비(안경 등)에는 정비교범에서 제공하던 안내절차가 표시되고 정비

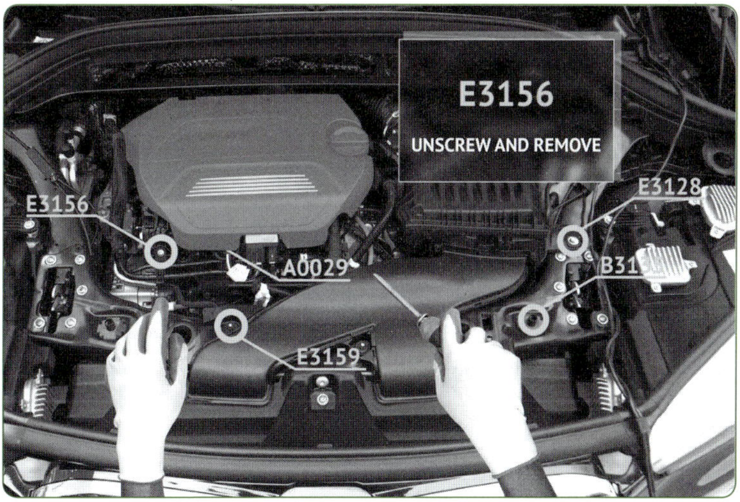

AR 정비 교육

를 수행함에 따라 다음 순서를 안내받는다. 순서와 다르게 정비를 한다면 수정을 권고하기도 한다. 정비중에 수리부속을 교체하는 과정이 있다면 사용한 수리부속에 대한 정보가 군수사로 자동 전송된다. 증강현실 정비교범의 안내 순서대로 작업을 수행하면 정비가 종료된다. 동시에 수리부속 소모 입력까지 완료된다.

고장난 장비가 입고되었는데 고장개소를 정확히 모르는 상황이다. 증강현실 안경을 쓴 정비사가 장비 내부를 관찰한다. 증강현실 안경은 적외선 카메라, 저주파, 고주파 수집 장치를 통해 컴퓨터로 장비의 상태를 전송한다. 인공지능은 수집된 장비의 상태 정보를 통해 고장개소를 예측한다. 예측된 고장개소에 대한 정비 방법을 메뉴얼에서 찾아 현장의 증강현실 안경에 표시한다. 정비원은 컴퓨터가 예측한 고장개소가 타당한지 판단하고 메뉴얼의 순서대로 정비를 시작한다. 숙련된 정비원은 메뉴얼에 없는 고장의 상황에서 정비를 수행한다. 이때 증강현실과 연결된 컴퓨터의 인공지능은 숙련된 정비원의 정비과정을 학습하고 학습한 결과를 최적화한다.

예시와 같은 상황은 먼 미래가 아니라고 판단된다. IOT와 머신러닝 기술이 상당한 수준이 이르렀기 때문이다. 굳이 인공지능이 아니라도 증강현실 디스플레이에 부가적인 기능이 추가된다면 이를 학습하고 정비원에게 추천해줄 수 있는 알고리즘은 금방 개발될 것으로 보인다.

이 외에도 실제 해군 군수사령부는 용접 시뮬레이터를 정비교육에 접목하고 있다. 정비원이 증강현실에서 안내하는 순서대로 토치 시

AR을 활용해 항공기 부품을 조립하는 상황

뮬레이터를 접합시키면 디스플레이에서는 실제 용접시 발생하는 빛과 소음이 모사된다. 용접을 처음하는 경우에는 불꽃이 사방으로 튀어 겁을 먹거나 당황할 수 있지만 용접 시뮬레이터를 통해 현실과 동일한 경험을 하게 하고, 이런 동작들이나 실수가 자동적으로 저장됨으로써 사후 평가도 가능하게 되었다.

공군에서는 안전 운전체험 시뮬레이터를 통해 사전에 이론교육을 받고 이후에 VR HMD(Head Mounted Deisplay) 장비를 얼굴에 장착하고 일반 운전은 물론 난폭 운전, 보복 운전, 악천후, 급출발, 급정거, 과속 방지턱 등 다양한 상황과 느낌을 현실과 동일하게 느낄 수 있도록 장병들의 생생한 교육에 활용하고 있다.

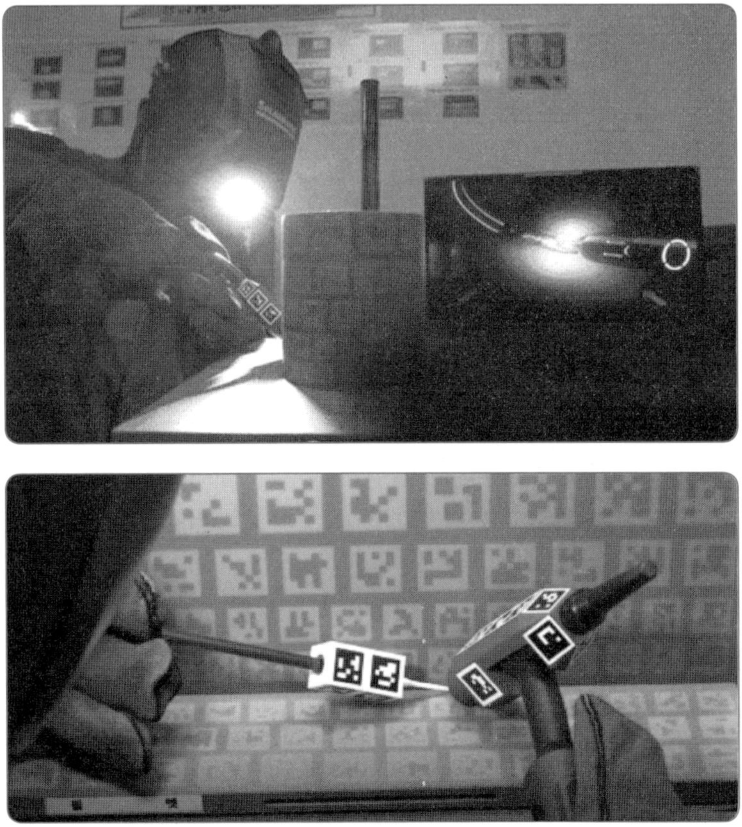

해군 군수사령부 용접 시뮬레이터

가상현실과 증강현실은 전투력 증강뿐만 아니라 장병들의 신체적, 정신적 건강을 위한 서비스에도 활용되고 있다. 3D 카메라가 신체를 스캔하면 실시간으로 각종 신체 데이터를 전달, 신체 밸런스, 평형성, 유연성 등을 쉽게 파악할 수 있어 전투력 회복에 큰 영향을 줄 수 있다.

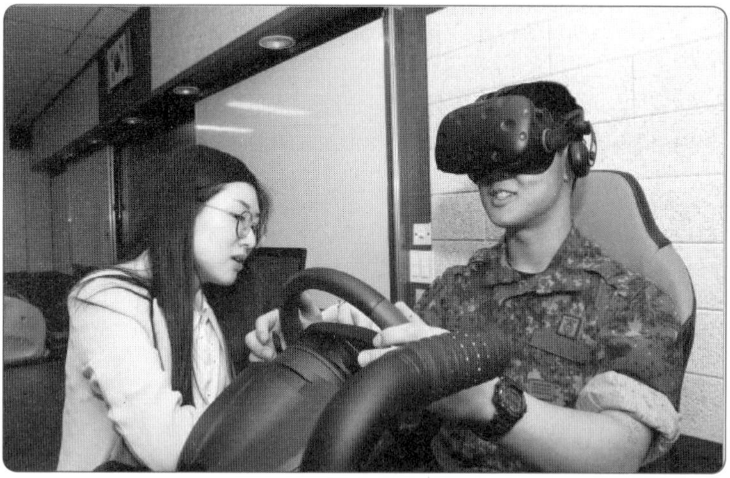

HMD를 활용한 운전 체험

전투력 회복센터에 설치된 재활용 운동시스템 D-wall

★★★★★

18

양자 컴퓨팅

SMART LOGISTICS

기술소개

양자 컴퓨팅(quantum computer)을 이해하기 위해서는 먼저 양자와 큐비트의 개념을 살펴봐야 한다. 양자는 시스템에서 출력 계산시 활용되는 양자역학을 의미한다. 속성을 가지는 최소의 단위를 의미하는데 물리학에서는 일반적으로 전자, 중성미자, 광자같은 원자성 또는 아원자성 입자 속성을 지칭한다.

큐비트(qubit)는 양자 컴퓨터의 정보 단위이다. 현재 우리가 사용중인 컴퓨터의 정보 단위는 비트, 메가바이트, 기가바이트 등이다. 큐

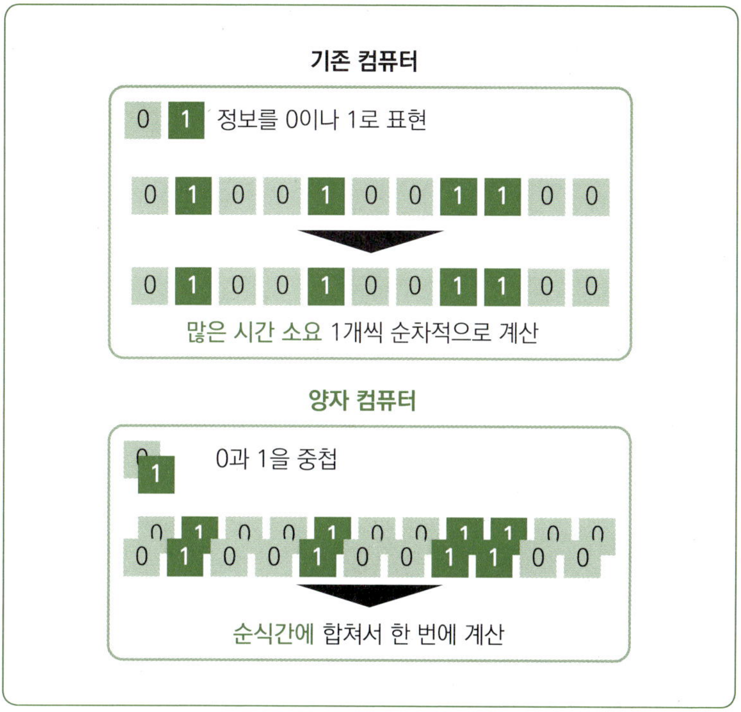

기존 컴퓨터와 양자 컴퓨터의 차이

출처: 이데일리(21.09.16.), AI '넥스트 레벨'로 진화, '깰수없는' 암호체계 나온다.

비트의 작동 방식은 기존 컴퓨터와는 차이가 있다. 기존 컴퓨터에서 사용되는 비트는 이진수(0 또는 1)로 구성된다. 큐비트는 이진수의 중첩을 허용한다는 개념으로 이해할 수 있다.

큐비트의 중첩(superposition), 얽힘(entanglement)이나 양자 간섭같은 양자 물리학의 성질을 컴퓨터에 적용할 수 있게 된다. 큐비트의 성질을 동전을 뒤집는 과정으로 많이 표현된다. 이진수를 활용하는 경우 동전은 앞면, 뒷면 두 가지 정보만을 가진다. 반면 중첩과 얽힘을 허용하는 양자 컴퓨터의 경우에는 동전을 뒤짚는 과정에서 우리 눈에 보이는 비스듬하게 세워진 듯한 모습들이 모두 유의미한 정보로 여겨지게 된다.

양자 컴퓨터는 현재까지도 실험적인 초기단계에 머물러 있다. 매우 작은 수의 큐비트를 가지고 수치 계산이 수행되는지에 대한 연구가 진행되는 중이다.

발전과정

비교적 최근에 컴퓨터 기술이 급속도로 발전했다는 사실에는 이의가 없을 것이다. 30년 전만해도 1메가바이트를 조금 넘는 플로피 디스크를 사용하다가 CD의 탄생으로 많은 정보를 저장할 수 있게 되었다. USB 기술이 탄생하면서 대량의 정보를 휴대하고 다닐 수 있게 되었다. 과거의 USB는 64메가바이트만 해도 손바닥만한 하드웨어를 필요로 했지만 근래의 USB는 손가락 마디 하나보다 작고 얇음에도 500기가바이트가 넘는 정보를 담는다. 컴퓨터 정보 처리 기술은 CPU 중심에서 GPU의 병렬적 사용까지 상용화되어 매우 빠른 연산이 가능해졌다. 양자 컴퓨터 개발은 기존의 컴퓨터 발전과는 다르다. 컴퓨터 연산 측면에서 패러다임 자체가 변하기 때문이다.

양자역학은 1900년대 초반부터 학계에서 연구되었다. 컴퓨터 칩에서 LED 조명까지 화학, 물리학적 기초 기술로 큰 주목을 받고 있다. 양자컴퓨터는 1980년 Richard Feynman과 Yuri Manin이 제안하였다. 당시에는 양자 컴퓨팅의 개념만이 제안되었다. 그러나 간단한 시스템조차 모델링할 수 없었다. 입자들이 상호작용하는 시스템을 시뮬레이션하기 위해서는 현재 컴퓨터 성능으로는 불가능한 수준의 컴퓨팅 파워가 필요하기 때문이다. 위의 동전의 예시를 다시 생각해보자. 동전의 앞, 뒷면은 두 가지 정보이다. 그에 비해 동전이 앞면에서 뒷면으로 넘어가는 과정은 수억 가지로도 모두 구분할 수 없다.

한국의 양자 컴퓨팅 기술은 초보단계에 머물고 있다. 정부는 2019년부터 핵심 원천 기술의 구현을 목표로 양자 컴퓨팅 기술에 투자하고 있다. 2022년부터는 초전도 기반의 50큐비트급 양자 컴퓨터의 핵심 기술을 확보하고 시스템을 구축할 수 있을 것으로 예상된다. 시스템이 구축되면 양자 가상머신 개발과 구축이 가능할 것으로 판단하여 관련된 연구역량을 제고하고 있다.

IBM은 2021년도에 127 큐비트 기술을 확보했고 2023년까지 1,000 큐비트 수준의 양자 컴퓨터 개발을 목표로 개발하고 있다. 양자 컴퓨터의 개발에서 어려운 부분은 양자들의 중첩 등에서 나타나는 불안정성이 컴퓨팅 오류로 이어질 수 있다는 부분이다. IBM은 이와 같은 현상에서 불안정성을 제거하기보다 불안정한 상태에서도 정상적인 연산이 가능해지는 방향으로 개발 중이다. 향후 10년 내 개발 가능

IBM의 양자 컴퓨터 연구 장면

할 것으로 보고 있다.

구글은 논리적 큐비트가 양자 계산을 해주는 트랜지스터를 개발 중이다. 구글은 2029년까지 양자 컴퓨터를 상용화하겠다는 목표로 연구를 진행 중이다.

양자 컴퓨터는 양자의 물리, 화학적 특성으로 인해 온도의 영향을 많이 받는다. 듀크대의 김정상 교수가 설립한 아이온큐(IonQ)는 2028년까지 1024큐비트의 양자 컴퓨터를 개발할 예정이다. 이미 상온에서도 작동 가능한 양자 컴퓨터를 개발했으며 삼성, 현대 자동차, 구글 등으로부터 투자를 받고 있다.

폭스바겐	자동차 제조 공정 효율성 개선 및 교통체증 해소 프로젝트에 활용
BMW	제조 공정 및 공급망 최적화에 활용, 트랩이온 양자 컴퓨터 기술 개발
덴소	무인생산 기계 가동률 80% → 95%로 개선
큐피	효율적 제품 배송 루트 발견해 차량 편성 8% 감소

양자 컴퓨터 기술의 적용사례

민, 군에서의 활용

양자 컴퓨터는 현시대 최고의 슈퍼컴퓨터보다 10만 배 이상 빠를 것이라고 추측된다. 기상예측, 암호해독, 우주탐사, 도시교통 최적화, 자율주행, 신약 후보물질 발굴 등 현재의 컴퓨팅 파워로 연산이 힘든 업무들이 가능할 것으로 기대된다. 인공지능의 기본 기술인 머신러닝, 딥러닝의 성능 향상이 특히 주목된다. 두 기술은 인공지능이 무수히 많은 데이터를 학습하는 과정이다. 현재의 컴퓨팅 파워로는 복잡한 시스템의 학습과정에 굉장히 많이 시간을 소모한다는 한계가 있다. 획기적인 계산속도는 현재까지도 연산이 힘든 광합성 과정, 초전도성, 복잡한 분자 형성 등의 시스템 구성이 가능해질 것으로 판단된다. 양자의 중첩과 얽힘의 특성을 통제할 수 있게 된다면 상용화 가능해질 것으로 전문가들은 판단하고 있다. 이런 측면에서 IBM의 양자 불안정성 통제 기술이 주목받고 있다.

중국은 이미 2016년도에 양자 통신위성 발사에 성공했다. 양자 통신은 도청, 감청이 불가능하여 높은 보안성을 가진다. 양자 통신에서는 양자 기술로 생성한 암호 키를 송수신 양측에서 보관한다. 통신 중간과정에 도청이나 감청 시도가 있으면 암호 키가 자동으로 손상된다. 암호 키를 스스로 손상시킴으로서 도청과 감청이 불가능하게 된

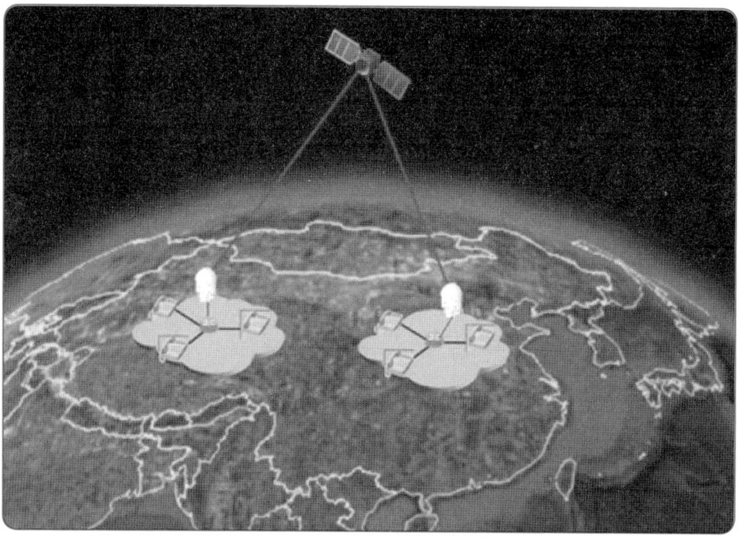

중국의 양자 통신위성(QUESS) 개념도

다. 차세대 군사용 통신보안의 핵심 기술로 주목받고 있으며 금융 및 개인 신용정보 보호에도 활용될 수 있다.

정보통신 기술이 발달하면서 데이터 전송에 필요한 보안기술의 역할이 더욱 중요해지고 있다. 보안기술의 발달과 동시에 해킹기술도 개발되기 때문에 데이터 보안기술은 점점 복잡해진다. 데이터 전송에 널리 활용 중인 RSA(Rivest Shamir Adleman) 알고리즘의 경우 정보의 소인수 분해나 로그 등 수학적 복잡도를 높인 암호화 방법이다. 수학적 복잡도 상승은 연산속도의 증가로 이어질 수밖에 없다. 양자 컴퓨터의 컴퓨팅 파워를 활용하여 신속한 암호화, 복호화가 가능하며 동시에 보안성도 확보할 수 있게 된다.

미 국방성의 양자과학실 폴 로파타(Paul Lopate) 부국장은 이전에 비해 획기적으로 빠른 암호화, 복호화가 가능한 양자 컴퓨팅 및 첨단 네트워크 기술을 개발하고 있다. 양자과학이 향후 국방분야의 혁명을 가져올 것이라고 발표한 바 있다. 양자과학실에서는 최근 국립 표준기술연구소(National Institute of Standards and Technology)와 정보의 비공개성을 유지할 수 있는 새로운 암호화 표준체계를 개발 중이다.

IonQ와 현대 자동차는 전기차용 리튬배터리의 성능을 향상시키는데 양자 컴퓨팅을 활용하였다. 주행거리 및 충전속도 개선, 리튬이온 배터리 셀 에너지 밀도 개선, 배터리 시스템 안정성 확보 등의 효과가 있을 것으로 보고 있다. 배터리 발전은 군사적인 발전과도 연관된다. 내연기관이 감소하고 배터리를 활용한 무기체계들이 개발되는 추

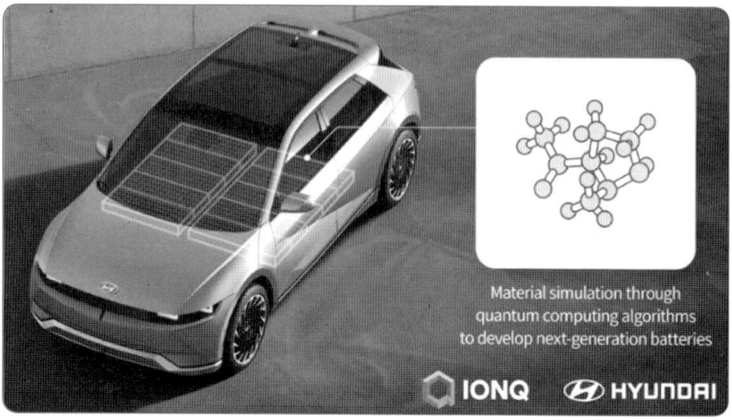

양자컴퓨터 활용 배터리 성능 향상 중이다.

출처: AP신문(22.01.20.), 현대차, 양자컴퓨터 활용한 차세대 배터리 개발 나섰다.

세이기 때문이다. 일본은 리튬 배터리 추진 잠수함을 2020년 취역시켰다. 우리나라도 2028년도까지 리튬 배터리가 설치된 장보고-III급 Batch-II 잠수함을 취역할 예정이다.

양자 센서는 잠재적으로 정보, 감시 및 정찰(ISR) 역할에 사용될 수 있다. 센서의 성공적인 개발 및 배치는 잠수함 탐지의 상당한 개선으로 이어질 수 있다. 결과적으로 해상 기반 핵 억지력의 생존 가능성을 손상시킬 수 있다. 양자 센서는 환경 변화에 대해 매우 민감하다. 이런 특징은 지하 구조물이나 핵 물질을 감지할 수 있게 해준다. 양자 센서는 전자기 방출을 감지 하여 전자전 능력을 향상시키고 은폐된 적군을 찾는데 활용될 수 있다.

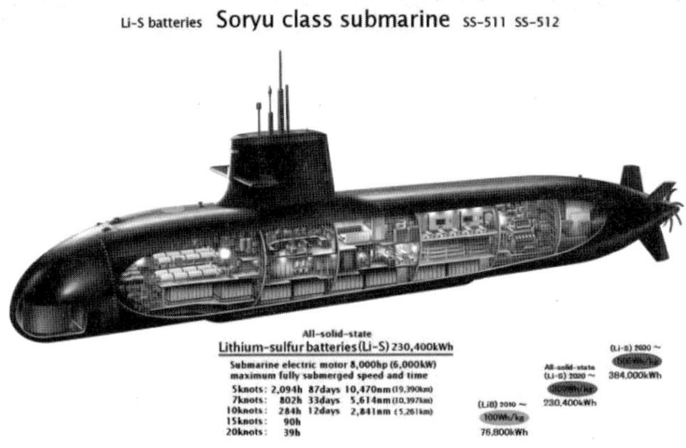

리튬이온 배터리가 적용된 일본 소류급 잠수함

국방부(DOD)의 과학 자문 위원회인 DSB(Defense Science Board)는 양자의 감지능력에 집중하고 있다. 부대가 GPS 성능 저하 또는 GPS 거부 환경에서 민감한 양자센서의 감지능력을 활용하여 대체 위치 지정, 탐색 및 타이밍 옵션을 제공할 수 있을 것으로 판단한다. 양자센서는 전자기력에 영향을 받지 않기때문에 스텔스기의 탐색도 가능할 것으로 보인다.[1] 양자 레이더는 탐지된 물체의 위치, 레이더 단면적, 속도, 방향 및 기타 특성 파악이 가능하다. 얽힘 상태의 광자 변경이나 복제를 시도하면 레이더에서 이를 탐지하게 되므로 양자 레이더를 통

1 KIDA('19.11.25.) 양자컴퓨터 기술개발동향과 미래 군사적 영향력 탐색

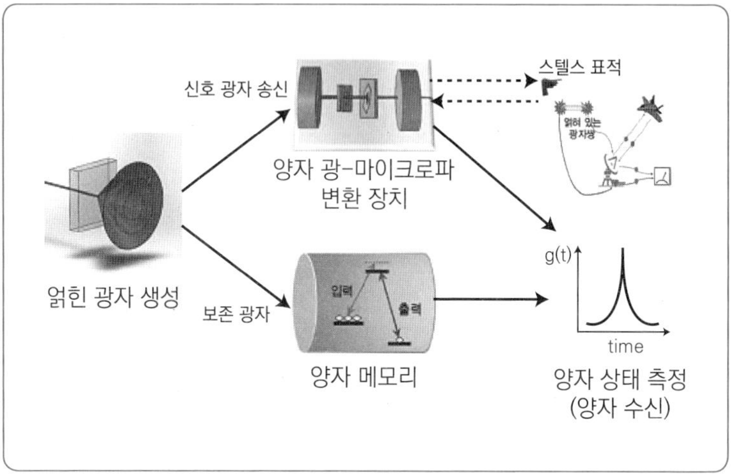

양자 레이더의 원리

출처: 국방과학연구소.

해 기만공격을 조기에 인지할 수 있게 된다.

한편 양자 컴퓨터는 속도 측면에서 최적화 계산에 기여할 수 있다. 최적화는 제약조건을 고려하여 주어진 문제에 대한 최상의 답을 찾는 과정을 말한다. 최적화는 머신러닝, 딥러닝 기술을 발달로 미래를 예측하고, 예측한 미래의 대안 중 현실의 문제에 가장 적합한 답을 찾아내는데 많이 활용된다. 최적화는 제약조건이 많아질수록 연산에 많은 시간이 걸린다. 미사일의 비행중 궤도를 생각해보자. 발사된 미사일의 경로는 타격 지점에 도달하기까지 무수히 다양하다. 이 중 가장 빠르게 도달할 수 있는 경로가 주로 선택된다. 양자 컴퓨팅이 가능하다면 적의 방어체계의 기능이나 위치 등을 고려하여 피격될 가능성이 가장 낮은 경로를 택할 수도 있다. 적의 방어체계는 종류와 수가 다양할 것이다. 이런 수많은 제약조건들을 고려한 실시간적 최적화를 통해 경로를 정하며 비행할 수 있을 것이다. 미사일의 속도를 고려한다면 계산속도의 확보는 필수적인 요소이다. 폴 로파타 부국장은 양자센서가 적용된 자이로(Gyro)와 가속도 센서(Accelerometer)가 향후 미사일이나 전투기 추적에 활용될 것이라고 설명한 바 있다. 민간에서는 교통 흐름, 비행기의 게이트 할당이나 에너지 저장 장치 등의 복잡한 시스템 관리에 활용될 수 있다.

★★★★★

19

사물 인터넷

SMART LOGISTICS

기술소개

사물인터넷(Internet of Things)은 인터넷으로 연결된 사물들이다. 유형 혹은 무형의 객체들의 연결을 통해 개별 객체들이 제공하지 못하는 새로운 새로운 서비스를 제공하는 것을 의미한다. 컴퓨터나 휴대폰들이 인터넷에 연결되어 있는 것에서 확장되어 자동차, 공장 등 세상의 모든 사물들이 연결될 수 있다는 것이다. 이와 같은 유형적인 객체 외에도 사물인터넷은 마트의 결제 과정 같은 무형적인 대상들도 연결시킨다.

사물인터넷의 범위

출처: 마쉬넨마르크트 홈페이지.

사물인터넷의 효과는 단순 연결에 의한 편의성에 국한되지 않는다. 여러가지 사물들이 연결되면 기존에는 불가능했던 새로운 서비스가 가능하기 때문이다. 국내의 침대 기업 000는 매트리스에 비접촉식 센서를 부착하여 수면 패턴 등의 정보를 파악한다. 파악된 정보를 통해 사용자의 수면 자세를 바르게 유도하는 기술을 개발 중이다. 침대 옆의 실내등은 침대와 IOT 연결되어 사용자가 수면을 위해 침대에 누웠을 경우 불이 꺼진다. 침대의 센서가 실내등과 연결되어 수면인지 아닌지를 판단하게 된다.

사물인터넷은 사물과 사람 간의 초연결망을 목표로 한다.[1] 사물인터넷의 초연결망은 센서 네트워크, 빅데이터, 인공지능 분야와 결합되어 상승효과를 낼 것으로 기대된다. 센서에서 얻어진 정보들이 모여 빅데이터를 구성하면 인공지능들은 데이터를 분석하고 사람들의 편의성을 보장하기 위한 방법을 모색하게 된다. 인공지능들은 지속적으로 데이터를 학습하고 최적화하여 사람 맞춤형 서비스나 업무를 수행할 수 있게 된다. 따라서 사물인터넷은 사물간의 통신기술로만 이해하면 안된다. 모든 첨단 기술들을 연결해줄 수 있는 근본이 되기 때문이다.

발전과정

사물인터넷의 역사는 모스 전신기(1844년)로부터 시작되었다고 할 수 있다. 사람의 메세지를 기계로 보내고 기계와 기계가 최초로 연결되어 다른 사람에게 메세지를 전달하였기 때문이다. 1926년 니콜라 테슬라는 미래의 연결성에 대해 무선 기술을 완벽히 적용하면 전 세계가 하나의 거대한 뇌가 될 것이라고 비전을 표명했다. 컴퓨터와 인터넷이 발전하면서 비전은 현실이 되어왔다. 1980년대 초 카네기 멜런 대학에서

1 정동규, 송도선 (2017). 인공지능과 사물인터넷 특징 및 결합 산업 동향. 한국정보기술학회지, 15(2), 23-39.

는 코카콜라 자판기를 인터넷에 연결하는데 성공했다. 자판기의 재고 수준과 콜라의 온도를 원격으로 확인할 수 있었다. 1999년 MIT의 캐빈 애쉬튼은 P&G사와 협업중 사물 인터넷이라는 용어를 공식화하였다. 기업의 의사결정권자가 공급망 내에서 데이터를 수집할 때 센서를 활용할 수 있도록 제안하였다. 2000년도에는 LG가 세계 최초로 커넥티드 냉장고를 출시했다. 2007년도 아이폰의 탄생은 커넥티드, 무선기기의 개념이 합쳐졌고 휴대폰을 대중화시켰다. 전 세계의 사람들이 휴대폰을 가지게 되면서 사물인터넷의 핵심 컨트롤러가 휴대폰이 되어왔다.

민, 군에서의 활용

초연결이 가장 시급한 분야는 스마트 공장이다. 공장에서 작동 중인 무수한 많은 장비들이 모두 인터넷에 연결되면 공장 가동현황을 실시간 파악할 수 있다. LG는 사물인터넷이 도입된 스마트 팩토리를 구상하였다. 공장에서 비정상적인 악취가 발생하는 경우 발생원을 추적하여 원격 통제를 할 수 있고, 지진과 같은 문제가 발생할 때 신속한 감지를 통해 대피와 대응을 유도할 수 있다. 이와 같은 스마트 공장의 개념은 군에서 적극적으로 도입하고자 노력하고 있다.

스마트 정비공장

2021년 9월 육군은 운용 중인 K21 보병전투차량과 K10 탄약운반장갑차의 창정비가 처음으로 이루어졌다. 창정비는 장비의 완전 분해와 조립, 시험운전, 기능검사 등 9개 공정을 거치는 정비이다. 창정비를 위해서는 정비시설, 시험장비, 정비기술 등 각종 요소가 개발되어야 한다. 육군이 자체적으로 창정비를 수행했다는 것은 높은 수준의 정비력을 확보했음을 의미한다. 육군 창정비의 시험장비에는 장비 상태의 실시간 모니터링 기능 등을 탑재하였다.

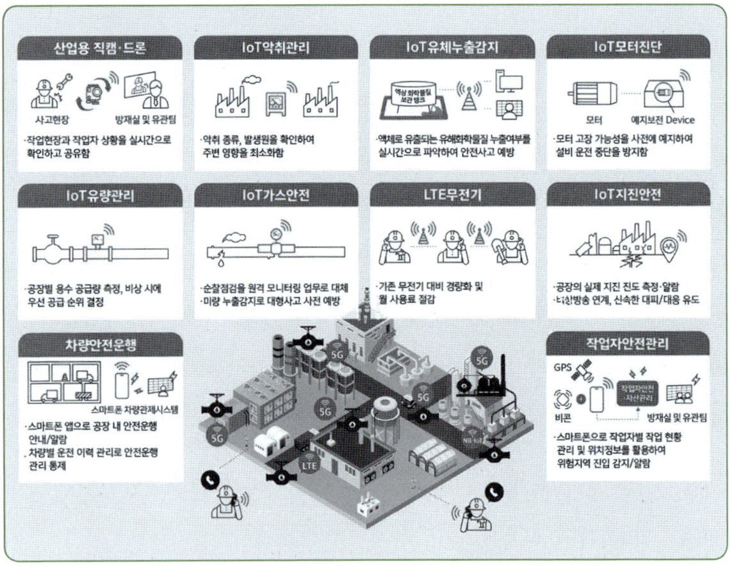

LG U+의 스마트 팩토리 솔루션

해군은 4차 산업혁명 기술 도입을 위해 스마트 네이비라는 테스크포스 조직을 출범했다. 사업의 일환으로 해군은 2021년부터 산업부와 해경청과 함께 부처연계협력개발로 스마트팩토리 사업의 체계개발을 진행 중이다. 스마트팩토리는 해군 최초로 '정비 분야'에 최적화된 환경을 갖추고 있어 함정 정비의 최일선에서 활약하게 될 공장을 의미한다. 3D 프린터를 통한 애로 품목 제작, 3년간의 빅데이터 자료를 통해 자주쓰는 부품을 사전에 비치하고 품질의 저하를 일으키는 원인을 밝힐 수 있는 첨단 기술을 기반으로 정비창을 운영할 계획이다. 특히 레이저 각인 기술로 부품의 이력을 마킹하면 QR 코드, 바코드 등 스마트 정보 완성하여 수명주기를 쉽게 관찰하고, 물품을 보다 효율적으로 관리하도록 사물인터넷 기술을 적용할 예정이다.

스마트 군수공장

스마트팩토리와 같은 선진화된 시스템을 추진함에도 불구하고 군의 사물 인터넷 활용 개념들은 작전과 군수가 분리되어 있다는 느낌이 있다. 사물 인터넷의 키워드는 '초연결'이다. 작전부대와 군수부대가 분리된다면 사물 인터넷의 진정한 효과를 보기 힘들것으로 보인다. 스마트팩토리가 완성되면 군의 정비개념이 바뀌게 된다. 주기적으로 수행하던 현재의 정비형태에서 상태기반정비(CBM, Condition Based Maintenance)를 수행하게 되고 정비주기의 변경에 따라 군 전력의 운용

창정비를 마친 K21 보병전투차량

개념도 바뀌게 될 것이다.[2, 3]

사물 인터넷이 완전히 도입된 해군을 상상해보자. 작전 중인 함정 장비들의 상태정비가 실시간으로 클라우드 서버에 전달된다. 서버의 인공지능은 현재 상태를 고려하여 고장이 언제 발생할지 예측한다. 예측결과에 따라 정비일정이 잡힌다. 정비일정에 따라 작전임무에 투입될 함정이 결정된다. 정비창에 입고된 함정은 전체적인 장비 상태를

2 최진우, 문현지, & 조원영. (2020). 고장함수를 고려한 총수명주기간 계획정비 간격 최적화에 관한 연구. 로지스틱스연구, 28(6), 57-70.

3 박정서, 문성암, & 최진우. (2021). 고장확률 기반 계획정비 대기행렬 시뮬레이션: 해군 전투함정을 중심으로. 대한산업공학회 춘계공동학술대회 논문집, 1077-1095.

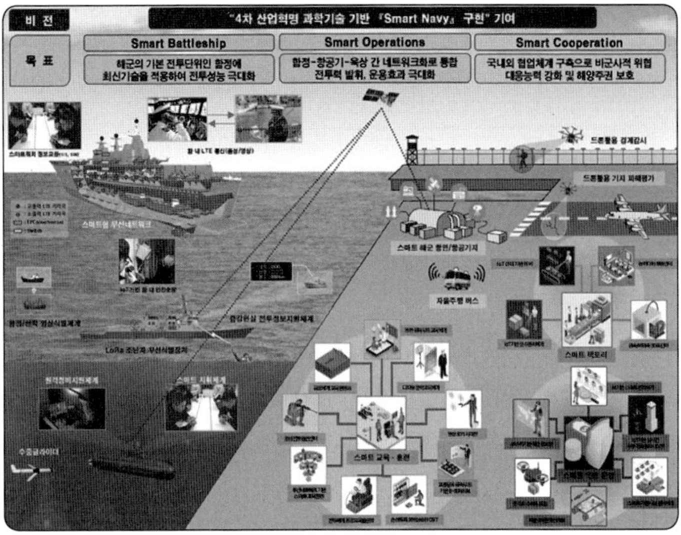

스마트 네이비 개념도

출처: 한국해양안보포럼 홈페이지.

진단받는다. 종합적인 세부 정비계획이 수립되고 소모될 수리부속이 선정된다. 수리부속은 스마트 창고에서 이동로봇을 통해 정비부대에 배송된다. 정비부대 수령과 동시에 수리부속 소모실적이 입력되어 다음 수리부속 구매예산이 책정된다.

함정 운용도 긴급한 상황이 아니면 자동화되어 작동된다. 사람의 개입이 적기 때문에 고장시기의 예측이 쉬워진다. 고장 발생 예상 개소가 적거나 간단한 경우 3D 프린터를 활용하여 함정 내에서 부품을 생산하여 교체하거나 드론을 활용하여 배송받는다.

★★★★★

20

블록체인

SMART LOGISTICS

기술소개

블록체인(block chain)은 데이터를 블록(block)으로 변환시키고, P2P (peer-to-peer) 방식(사슬형태의 연결고리)으로 분산 저장한다. 블록의 임의 수정은 불가능하지만 열람은 가능하다. 블록체인이란 기술명을 접하면 가장 먼저 떠올리는 것은 암호화폐 분야일 것이다. 블록체인 기술은 비트코인을 포함한 암호화폐 거래에 활용되고 있다. 암호화폐의 거래는 일반 은행과 달리 중앙 집중형 장부에 기록되지 않는다. 블

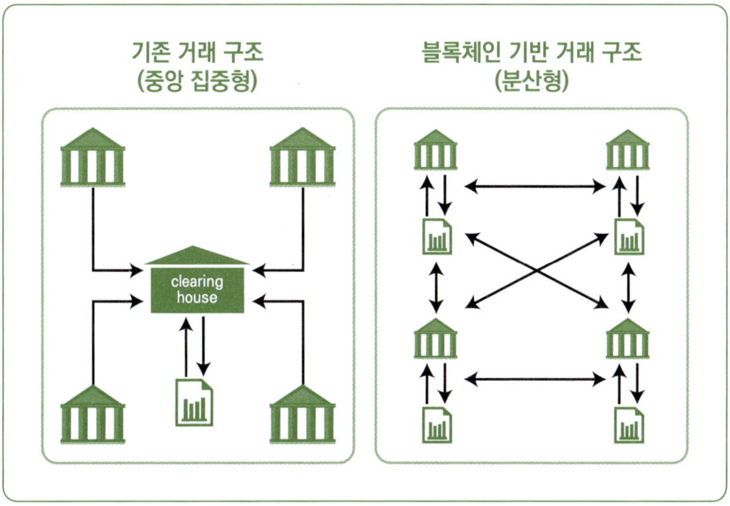

기존 은행 거래방식과 암호화폐 거래방식의 차이

록체인의 장부는 모든 고객이 보관하고 관리하게 된다. 분산형 네트워크를 통해 각각이 가진 장부의 내용을 공유하면서 정보 교환이 가능해진다. 이와 같은 거래 구조로 블록체인 소프트웨어의 사용자들은 개인 컴퓨터에서 은행의 통제나 도움없이 자유로운 거래가 가능하다. 거래가 성사되면 거래의 내용을 기록한 블록이 추가적으로 생성된다. 이 블록은 블록체인에 참가하고 있는 모든 사용자에게 전송되고 정상적인 결과물인지 검증받는다. 검증과정은 컴퓨터 암호를 푸는 것과 유사하게 진행되며 이를 채굴(mining)이라고 부른다. 블록체인 참가자 중에서 최초로 해당 블록의 채굴을 마친 사람은 암호화폐 등이 보상

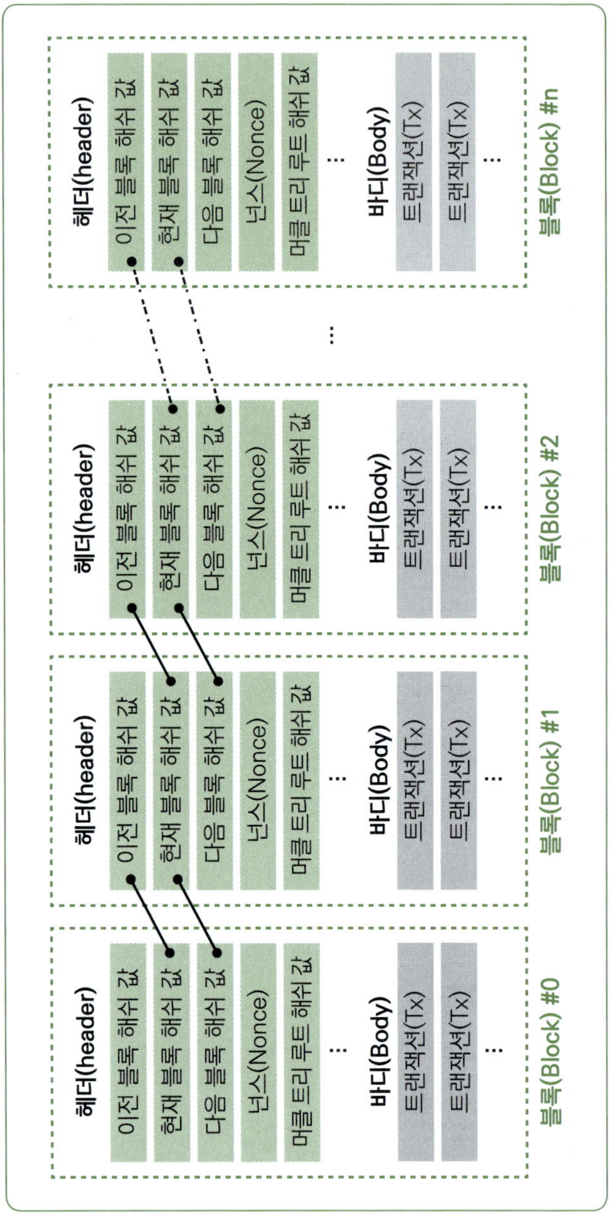
헤더(header)
이전 블록 해쉬 값
현재 블록 해쉬 값
다음 블록 해쉬 값
넌스(Nonce)
머클 트리 루트 해쉬 값
…
바디(Body)
트랜잭션(Tx)
트랜잭션(Tx)
…
블록(Block) #0
블록(Block) #1
블록(Block) #2
블록(Block) #n

블록체인 기술의 구조

으로 주어지게 되는 것이다. 검증이 종료된 블록은 다른 참가자들의 거래가 기록된 다른 블록들과 연결된다.

블록들은 데이터가 16진수로 변형된 형태이다. 변형 과정을 해싱(hashing)이라 부른다. 만약 블록의 내용을 변경하기 위해서는 모든 블록을 연쇄적으로 수정해야 한다. 이런 이유로 해시값을 이용한 데이터의 역추적이 힘들고 블록이 조금만 조작되어도 데이터 손상여부를 금방 파악할 수 있다. 또 블록은 약 10분에 하나씩 생성되도록 설계되어 있다. 블록이 생성되면 기존의 블록들과 연결된다. 연결과 동시에 모든 블록들의 값들이 연쇄적으로 변형된다. 즉 블록체인의 데이터를 임의 조작하기 위해서는 10분내에 모든 블록들을 연쇄적으로 조작할 수 있는 컴퓨팅 파워가 필요하다. 이 성능은 실존하는 세계에서 가장 빠른 슈퍼컴퓨터의 연산 능력을 넘어선다. 즉 데이터 임의 조작을 위한 하드웨어 구성 자체가 불가능한 수준에 가깝다.

발전과정

블록체인 기술은 1991년초 스튜어트 하버(Stuart Haber)와 스캇 스토네타(W.Scott Stornetta)에 의해 최초로 소개되었다. 최초 개발의 목적은 디지털 문서의 위조 방지였다. 시간 기록을 저장하는데 암호화된 블록체인을 사용했다. 1992년 머클 트리 구조를 도입하면서 여러 문서의 다양한 데이터들을 하나의 블록에 모을 수 있다. 다만 이 기술은 단기적으로만 활용되어 2004년에 특허권이 종료되었다. 2004년은 비트코인 탄생 4년전이다.

2004년 암호학자 할 핀니(Hal Finney)는 재사용 가능한 작업 증명 방식(RPoW, Reusable Proof of Work)을 제시했다. 이 시스템은 교환이나 대체 불가능한 해시캐시(Hashcash)를 수신한 뒤 재사용 가능한 토큰으로 반환했다. 서명된 토큰은 개인 간 전송이 가능했다. 이 기술은 전 세계의 사용자들이 실시간으로 정확도와 무결성을 확인할 수 있게 설계되었다. 서버에 토큰의 소유권을 기록함으로서 이중 지불 문제를 해결했다. 재사용 가능한 작업 증명 방식은 암호화폐의 프로토타입이다.

2008년 말, 사토시 나카모토(Satoshi Nakamoto)는 비트코인이라는 탈중앙화된 개인 간 전자지불 시스템을 제안했다. 비트코인은 해시캐시 작업 증명 방식 알고리즘에 기반을 두고 있으나 재사용 가능한 작업 증명 방식과 같은 컴퓨팅 하드웨어를 사용하지 않았다. 데이터의 상태변화(트랜잭션, Transaction)를 추적하고 검증하는 탈중앙집중화된 개인 간 네트워크 프로토콜을 통해 이중지불 문제를 해결했다. 비트코인은 작업증명 방식 매커니즘을 통해 개인들의 보상으로 마이닝되고 탈중앙집중화된 네트워크에 의해 검증된다.[1]

1 금융보안원 (2015). 블록체인 및 비트코인 보안 기술.

2021년 테슬라는 하반기부터 비트코인 결재를 검토하고 있다.

2009년 1월 3일, 사토시 나카모토에 의해 최초 블록이 마이닝되었고 채굴 보상은 50비트코인이었다.

이더리움(Ethereum)은 기업 간의 스마트 계약(smart contract)을 위해 개발되었다. 2013년 비탈릭 부테린(Vitalik Buterin)은 탈중앙집중화된 앱 구축을 위해 비트코인에 스크립팅 언어가 필요하다고 하였다. 비탈릭은 분산화된 컴퓨팅 플랫폼에 기반한 블록체인 개발에 착수했다. 이더리움의 주요 기능인 스마트 계약 이더리움 블록체인에서 실행되는 프로그램이며, 특정 조건 만족시 트랜잭션을 발생시킨다. 이더리움 가상머신(EVM, Ethereum Virtual Machine)이라 불리는 탈중앙집중화된 튜링 완전 가상머신(Decentralized Turing-complete Virtual Machine)을 통해 실행할 수 있다. 개발자들은 이더리움 블록체인 환경 내에서 실행

구분	비트코인	이더리움
기술플랫폼	비트코인 블록체인	이더리움 블록체인과 시미트 계약
콘셉트	디지털화폐	스마트계약
거래 형태 (예시)	A가 B에게 1BTC를 보냄	A의 잔고가 10ETH 이상일 때 2021년 5월 18일 B에게 1ETH를 보냄
OO 알고리즘	작업증명(PcW)	작업증명(PoW)과 지분증명(PoS)
스마트계약	불가능	가능
시가총액 (2021년 5월 17일 기준)	8,500억 달러	4,000억 달러
출시 시기	2009년 1월	2015년 7월

비트코인과 이더리움의 차이

출처: 파이낸셜뉴스(21.05.17.), 블록체인 유지하는 '보상'이 가상 자산.

가능한 어플리케이션을 만들 수 있다. 이와 같은 어플리케이션을 보통 DApp(Decentralized Applications)이라 부른다. 현재 수백 수천 개의 DApp들이 이더리움 블록체인 위에서 작동 중이며 수가 늘어나고 있다. 여기에는 소셜 미디어 플랫폼이나 도박 어플리케이션, 금융 거래소들도 포함된다. 이더리움의 암호화폐를 이더(Ether)라고 부르는데 사용자끼리 교환 가능하며 스마트 계약시 필요한 연산 능력에 대한 수수

료 지불에 사용된다.[2] 전문가들은 향후 이더리움이 비트코인을 압도할 것이라고 전망한다.

세계적인 IT 시장조사기관 가트너(Gartner)는 2019년 10대 전략적 기술 트렌드를 발표하였다. 블록체인이 디지털 트윈, 증강분석, 인공지능과 함께 새로운 비즈니스 모델을 만들어 낼 것이라는 전망하였

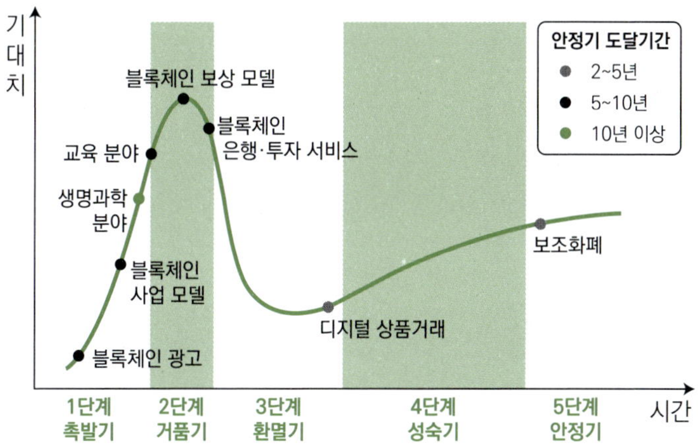

가트너가 전망한 블록체인 기술의 전망

출처: 국경완 (2019). 블록체인 기술 및 산업 분야별 적용 사례. 정보통신기획평가원 주간기술동향 ICT 신기술 분야, pp.1-3.

2 바이낸스 아카데미(2018) 블록체인의 역사

Gartner Top 10 Strategic Technology — 3개년 (2019, 2020, 2021년) 기술 모아보기

2019년		2020년		2021년	
Intelligent (지능화)	Augmented analytics (증강분석)	People-centric (사람 중심)	Hyperautomation (초 자동화)	People Centricity (사람 중심)	Internet of Behaviors (행동 인터넷)
	AI-Driven Development (인공지능 주도 개발)		Multiexperience (다중경험)		Total Experience Strategy (전체 경험 전략)
	Autonomous Things (자율주행 사물)		Democratization (기술의 대중화)		Privacy-enhancing Computing (개인정보보호가 강화된 컴퓨팅)
Digital (디지털화)	Digital Twin (디지털 트윈)		Human Augmentation (인간 증강)	Location Independence (위치에 대한 독립성)	Distributed Cloud (분산형 클라우드)
	Empowered Edge (강화된 엣지 컴퓨팅)		Transparency and Traceability (투명성과 추적 가능성)		Anywhere Operations (어디서나 운영가능)
	Immersive Experience (몰입하는 경험)	Smart Spaces (스마트 공간)	Empowered Edge (강화된 엣지 컴퓨팅)		Cybersecurity Mesh (사이버보안 메시)
Mesh (융합화)	Blockchain (블록체인)		Distributed Cloud (분산형 클라우드)	Resilient Delivery (탄력적인 전달)	Intelligent Composable Business (지능형으로 구성한 비즈니스)
	Smart Spaces (스마트 공간)		Autonomous Things (자율주행 사물)		AI Engineering (AI 엔지니어링)
Privaty and Ethics (디지털 윤리와 개인정보보호)			Pratical Blockchain (실용적인 블록체인)		Hyperautomation (초 자동화)
Quantum Computing (양자 컴퓨팅)			AI Security (AI 보안)	Combinatorial Innovation (조합적 혁신)	

가트너가 선정한 최근 3년의 10대 기술

출처: 월간기술동향 (20.10.14.), 2021 10대 전략 기술.

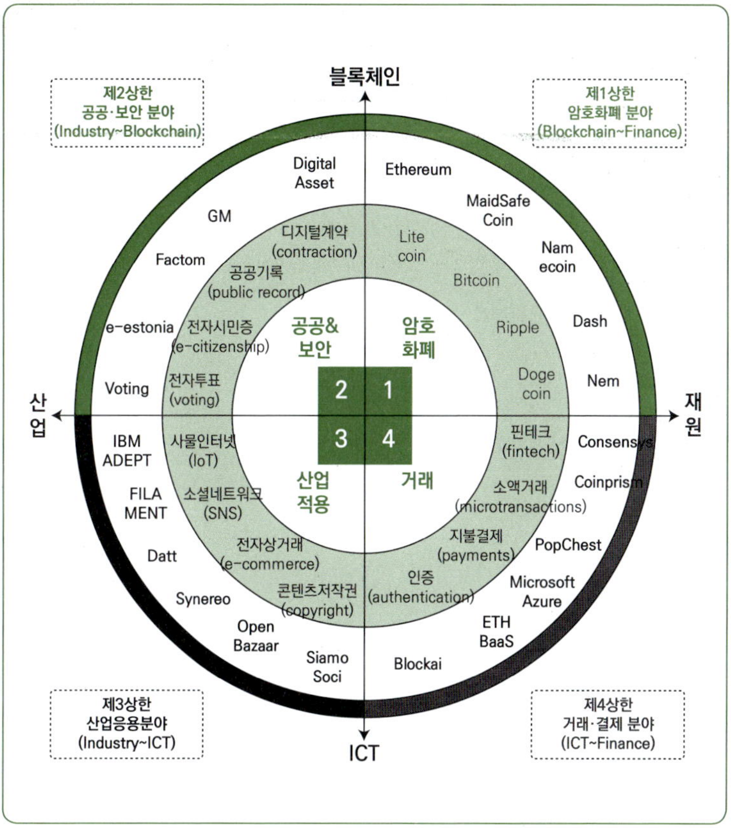

블록체인 기술의 활용분야

다. 가트너가 발표한 2018년 유망기술 하이프 사이클에서는 블록체인 기술이 많은 사람들의 관심을 받는 2단계(peak of inflated expectations)를 지난다고 하였다. 한계가 드러나 관심이 줄어드는 3단계(trough of disillusionment)에 들어서고 있다고 하였다. 2021년 가트너의 10대 기술에는 블록체인의 포함되지 않았다. 그러나 이는 블록체인 기술의 소멸이 아니라 다른 핵심 기술들에 블록체인이 이미 활용되어 포함된 것이라고 할 수 있다.

민, 군에서의 활용[3]

추적 가능한 군수

일반적으로 산업에서는 공급사슬의 손실, 낭비, 사기를 줄여 수익성을 유지하는 것이 중요하다. 방위산업에서는 이해당사자들(Stakeholder)의 공급사슬 보안이 더 중요하다. 미 국방부는 아프가니스탄과 관련된 지출 총액 중 잘못된 지출의 총 액이 170억 달러에 달한다고 추정하였다. 금융 감독에 대한 완벽한 감시는 제한되지만 기금의 흐름은 추적할 수 있다. 블록체인의 블록들의 정확성과 무결성을 활용하면 국방분야에서도 안전한 금융 감독 및 공급망 관리가 가능할 것으로 평가된다. 국방 물류나 계약분야에 추적 가능 체계를 구축함으로서 국민의 신뢰를 높일 수 있을 것으로 보인다.

---

3 이경휴, 박혜숙. (2020). 국방 블록체인 기술 동향 및 국방 ICT 융합 전략 연구. 한국전자 통신연구원 전자통신동향분석 35권 제1호, pp.1-8.

블록체인의 정확성과 무결성은 무기체계 획득분야에 활용가능하다. 2018년 9월 미군은 3D 인쇄 기술을 사용하여 콘크리트 막사를 40시간 만에 완성하였다. 2017년 미 해병대는 BAAM(Big Area Additive Manufacturing)사의 기계로 3D인쇄 잠수함 선체를 인쇄하였다. 미 육군은 수류탄 발사기, 방탄복, 군용 식사 주문 제작 등 3D 프린팅 기술에 대한 더 많은 응용 프로그램을 선보였다. 미군은 현재 블록체인 기술로 3D 프린팅 프로세스를 개선 중이다. 군에서 활용 중인 3D 프린터는 철저하게 보안이 유지되어야 하기 때문이다. 블록체인이 데이터를 보다 안전한 전송 도구의 역할을 할 수 있으므로 제조 청사진 및 디자인을 중앙에 저장되는 것이 아니라 분산된 개인 블록체인에서 공유될 수 있는 환경으로 개선하는 것이다. 블록체인 기술의 발전에 따라 군

BAAM사가 제작한 3D 프링팅된 잠수함 선체

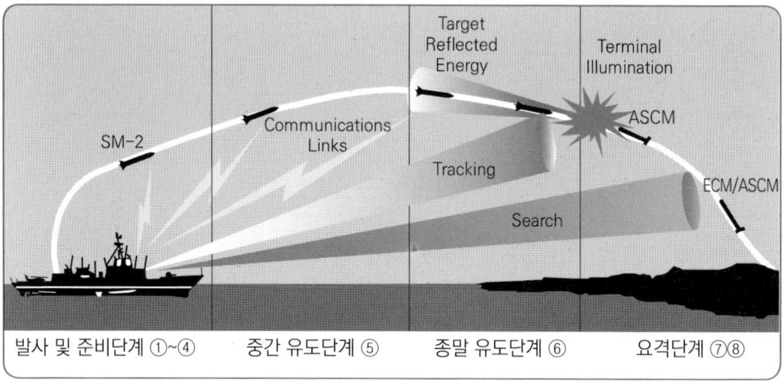

이지스 체계의 대공전 수행 개념

은 블록체인 기술과 새로운 제조 도구를 결합하고자 노력 중이다.

군사 위협과 공격의 형태가 디지털화되고 있다. 미 해군은 이지스(Aegis) 체계를 활용하여 전통적인 무기들을 디지털 결합 중이다. 신의 방패라는 이름의 대함방어체계인 함정으로 접근하는 모든 물체들을 탐지하고 추적한다. 탐지, 추적 기록들은 데이터화되어 분석된다. 이지스 체계는 레이더, 함포, 전자전 장비들이 모두 연동되는 통합 방어체계이므로 교란 당하면 함정의 정상적 운용이 힘들어질 수 있다. 미 해군은 이지스 체계 보호를 위해 전투 시스템의 운영 데이터를 분산시킨다. 이지스 시스템의 중앙 집중형 특성을 고려하여 해킹 위협으로부터 탈피시키는 방식을 적용하는 것이다.

진정한 사이버 전쟁의 시작

미국의 한 상원의원은 국방 전자메일에 견고한 암호화를 도입하지 않았다고 국방부를 지적한 바 있다. 미 국방부는 전자메일의 85%를 암호화 대상으로 적용하고, 나머지 15%는 지능형 사이버보안 기술로 해결해야 한다고 해석하였기 때문이다. 북은 사이버 전쟁의 위력을 일찍부터 인지하고 지속적인 해킹 위협을 가하고 있다. 블록체인 암호화

2009년	'7.7 디도스대란'
2010년	외교, 안보, 통일 관련 부처 해킹
2011년	농협전산망 등 디도스 공격
2012년	중앙일보 서버 해킹
2013년	신한은행, 농협 및 언론사 등 해킹
2014년	육군사령부 인터넷망 해킹 사태, 한수원 서버 해킹
2015년	미국 소니픽처스 해킹, 서울지하철 해킹
2016년	정부 주요 인사 스마트폰 해킹, 대한항공, 대우조선, SK 등 해킹
2017년	한국은행 서버 해킹 시도, 빗썸 등 가상화폐거래소 사이버공격
2018년	정부기관 및 대북단체 사이버공격

북의 해킹공격 사례(2009~2018)

출처: 김진광 (2020). 북한의 사이버 공격 위협 분석 연구, 한국컴퓨터 정보학회 하계 학술대회 논문집 제28권 제2호.

기술을 통해 전자메일뿐만 아니라 다른 형태의 기관 및 현장 통신을 보호할 수 있을 것으로 기대하고 있다.

미 국방부는 사이버 공격으로부터 글로벌 네트워크를 지켜야 한다고 주장하고 있다. 특히 민감한 정보가 담긴 저장소나 정보 캐시의 대량 도난 가능성에 대해 '테라바이트의 사망'을 보호해야 한다고 주장한다. 블록체인 기술을 활용하여 군사 거래 및 공급망과 관련된 기록의 교란, 획득들을 막기 위해 침투 시도를 효과적으로 탐지, 차단할 수 있는 방법을 실험 중이다.

영리 목적의 단순한 사이버 공격과 군사적 사이버 공격의 경계선은 매우 모호하다. 미 정부는 2018년에 61,000건의 사이버 공격을

사이버 전쟁은 군뿐만 아니라 각 기관에서도 수행된다.

출처: YTN(21.08.30.), 전 세계를 흔드는 사이버 전쟁.

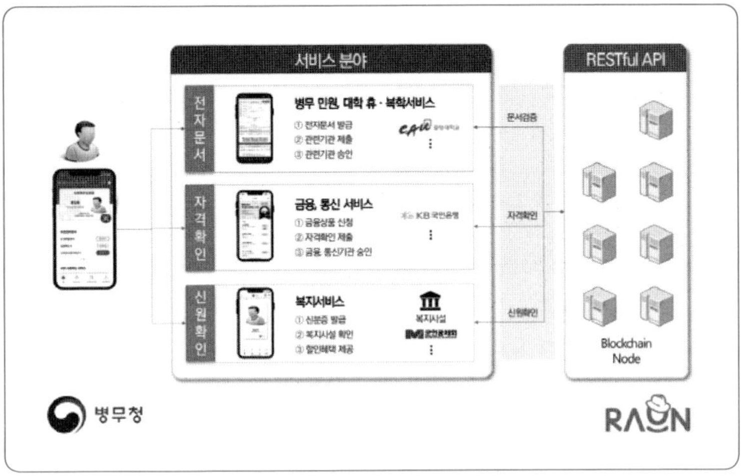

스마트폰을 활용한 병역 전자 서류 발급

받았고 위험 수준도 다양했다. 상호 연결된 네트워크 기반의 컴퓨터 환경이 치명적인 사이버 공격에 가장 취약하다는 지적이 나왔다. 에너지 산업은 2014년 해커들의 가장 많이 공격 목표였으며 79건의 사건이 기록되었다. 블록체인이 절대 방어 솔루션은 아니지만 중앙 집중형 보안 인프라에서 분산 방식으로의 변환이 폐해 해결의 실마리가 될 수 있다.

블록체인을 해킹하기 위해서는 엄청난 컴퓨팅 파워가 필요하다. 현재까지의 컴퓨팅 파워로는 불가능한 수준이다. 그러나 블록체인 기반의 보안체계를 구축하는 것이 모든 문제를 해결해주지는 못한다. 양자 컴퓨터가 빠른 속도로 개발되고 있기 때문이다. 양자 컴퓨터의 연산속도는 현존 세계 최고 컴퓨터의 10만 배에 달한다. 양자 컴퓨터 개발은 여러가지 국방의 문제들을 해결할 수 있는 방법을 제공함과 동시에 블록체인 기반의 보안을 무너뜨릴 수 있는 핵심 요소가 될지도 모른다.

우리나라의 블록체인 기술은 국방 보안분야에는 적용되지 않았다. 병무청은 병역서류들을 스마트폰으로 발급받고 제출할 수 있는 전자지갑 민원서비스를 시작한다. 병역의무자들은 은행과 통신사를 통해 적금가입, 통신 요금 할인 등 각종 우대, 편의 서비스에 필요한 병역서류를 스마트폰으로 발급받을 수 있게 된다. 블록체인 기술을 활용해 문서 위·변조 가능성도 차단한 것이 가장 특징이다.

★★★★★

21

빅데이터

SMART LOGISTICS

기술소개

빅데이터(big data)는 기존의 방법이나 도구들로는 수집, 저장, 분석이 어려운 데이터들을 의미한다. 1분 동안 구글에서는 200만건의 검색이 수행되고 유튜브에서는 72시간 분량의 비디오가 생성된다. 세계적인 컨설팅 기관 맥켄지(Mckinsey)는 빅데이터에 대해 기존 데이터베이스 관리도구의 역량을 넘어서는 규모로서 빅데이터의 정의가 계속 변할 것이라고 하였다.

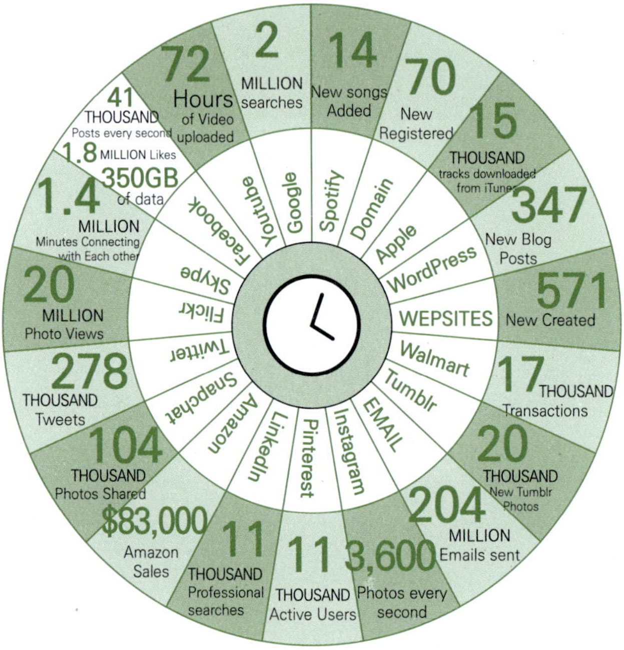

1분 동안 인터넷에서 생성되는 데이터의 양

출처: 네이버 지식백과(22.02.11.)

빅데이터의 주요한 특징은 크기(volume), 속도(velocity), 다양성(variety) 등이 있다. 크기는 일반적으로 수십 테라 바이트 혹은 수십 페타바이트 이상 규모의 데이터 속성을 의미하지만 규정되어 있는 크기는 아니다. 대용량의 데이터를 빠르게 처리하고 분석할 수 있는 속성은 속도에 해당한다. 데이터의 처리속도가 컴퓨터의 발전에 따라 앞으

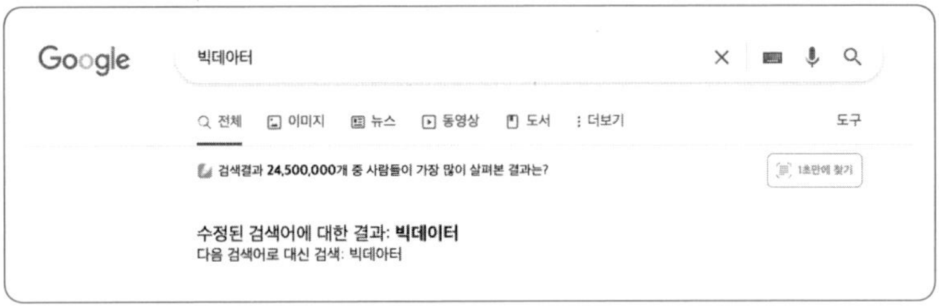

구글의 검색 기능

구글의 검색 기능에서는 데이터 융합 기술을 통해 잘못된 정보를 수정한다.

로도 상승할 것을 고려하면 빅데이터의 규모에 대한 정의가 무의미함을 짐작할 수 있다.

빅데이터의 주요한 기반기술에는 데이터 융합(data fusion), 정보 추출(information extracting), 데이터 분석(data analysis) 등이 있다.

빅데이터 안에는 무수히 많은 불확실한 정보들이 포함된다. 구글 검색의 예를 들어보면, 구글의 빅데이터에는 사용자들의 실수에 의한 오타, 잘못된 기록 등이 포함되어 있다. 불확실한 정보는 사용자가 생성하거나 기계의 고장 등으로 생성될 수도 있다. 구글에서 제공하는 검색 기능에는 수집된 정보 중 불확실한 정보를 분석하여 올바른 정보와 융합한 결과를 제공한다. 국방 분야는 잘못된 정보를 그대로 활용할 경우 큰 피해가 발생할 수 있으므로 정보를 올바르게 다루는 기술이 필요하다. 여기에는 빅데이터의 융합 기술이 활용될 수 있다. 신뢰도가 낮은 데이터들을 조합하여 유용한 데이터로 재생산할 수 있다. SNS에 달린 댓글에 위치 정보를 추가하거나 시간 정보를 추가하는 등의 활용도 빅데이터의 데이터 융합 기술이 반영된 것이다.

빅데이터는 종류가 다양하고 서로 복잡하게 얽혀있기 때문에 유의미한 정보를 검색이 어렵다. 때문에 빅데이터 탐색을 위해서는 3단계(데이터, 모델, 시스템) 접근을 수행한다. 먼저 데이터가 생성되면서 생기는 다양한 문제들(오정보, 결측치, 노이즈 등)을 해결하기 위한 신뢰도 높은 프로토콜이 필요하다. 국지적으로 수집된 데이터의 패턴이나 연관성을 분석 통합할 수 있는 알고리즘 모델이 필요하다. 시스템 단계에서는 관측 데이터와 원 데이터의 관계, 데이터의 변화 가능성 등을 종합적으로 판단할 수 있는 기술이 적용되어야 한다.

2012년 IBM의 설문조사 결과에 따르면 주요 빅데이터 분석기술로 쿼리, 리포팅, 데이터 마이닝, 데이터 시각화, 예측 모델링, 최적화, 시뮬레이션, 자연 언어 텍스트, 지리공간적 분석, 스트리밍 분석, 비디오 분석, 음성 분석이 순서대로 선정되었다. 데이터 분석과 관련된 통계적 기법들로는 분류 분석, 고차원 회귀분석, 앙상블 방법, 차원 축소 방법, 군집 분석, 텍스트 마이닝 등이 있다. 현재까지 빅데이터는 대형 기업들의 전유물인 경우가 대부분이다. 중소기업이나 군의 경우에는 데이터의 수집 능력이 부족한 경우가 많다. 데이터의 수집에도 많은 비용이 투자되어야 하기 때문이다. 빅데이터가 수집되기 힘든 환경에서 유사한 효과를 거두기 위해 결측값 대체(imputation), 내삽(interpolation), 가상 데이터(fake data) 등의 기술들을 활용하고 있다.

발전과정

기원전 2400년 바빌로니아에서 인류 최초의 계산기가 발명되고 도서관이 등장하였다. 데이터의 수집과 저장의 중요성이 실현화된 것이다. 17세기에는 통계학이 나타났다. 1663년 영국의 사회 통계학자 존 그런트는 페스트 창궐 예보 시스템 구축을 시도하였고, 최초의 통계 데이터 분석으로 기록되고 있다. 1880년 허먼 홀러리스는 홀러리스 도표 작성 기계에 천공 카드를 도입하였고 기존에 8년이 걸릴 것으로 예상되던 데이터 처리를 3개월로 단축시켰다. 홀러리스가 개발한 타뷸레이팅 머신은 IBM의 전신이 되었다. 1928년 독일의 프리츠 플로이머는 자기 테이프로 정보를 저장하는 방식을 발명했다. 현재 사용하고 있는 컴퓨터 하드디스크도 자기적 성질을 이용해 정보를 저장한다는 점에서 현대 저장방식의 시초가 되었다고 할 수 있다.

빅데이터라는 용어는 1989년 처음 등장했다. 베스트셀러 작가 에릭 라슨의 기고문에서 처음 등장했다. 이후 팀 버너스 리가 월드 와이드 웹(www)을 개발하면서 전 세계를 연결하는 통신망이 등장하게 되었다. 2005년에는 기존의 HTML 웹페이지를 SQL 기반의 백엔드 데이터베이스에 결합할 수 있게 되어 음성, 동영상, 텍스트 등의 비정형 데이터도 관리할 수 있게 되었다. 2014년에는 모바일 기기가 대량으로 보급되면서 빅데이터의 생성의 주요 디바이스로 활용되게 되었다.

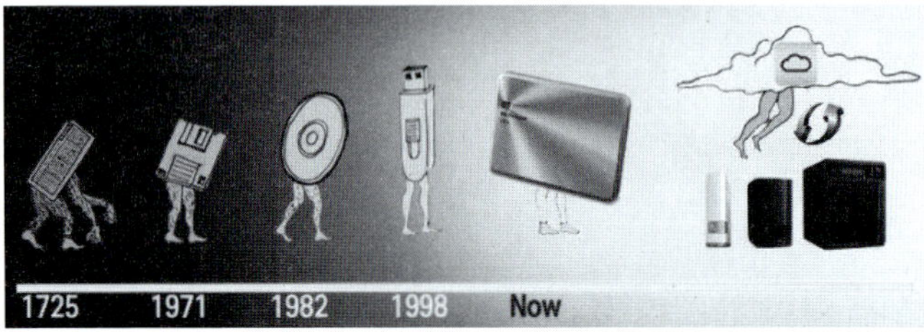

이동식 저장장치의 변천과정

출처: 구글 이미지.

1926년 과학자 니콜라 테슬라는 콜리어스 매거진와의 인터뷰에서 무선통신 기술의 발전으로 전 지구가 하나의 거대한 두뇌가 될 것이며, 이 두뇌 속의 길을 찾는 기기는 전화기만큼 단순하고 주머니에 넣을 수 있을 정도로 작아질 것이다 라고 전망하였다. 100년전 언급되었던 테슬라의 예견은 현재 정확하게 현실이 되었다.

민, 군에서의 활용

빅데이터에 대한 관심과 확대는 앞으로도 계속될 것이다. 이를 위해서는 빅데이터를 수집하고 분석할 수 있는 인프라 구축이 선행되어야만 한다. 앞서 언급한 것처럼 노이즈와 결측치 등이 많은 데이터와 변수가 적은 데이터는 올바른 분석이 힘들다. 목적과 활용분야를 설정하고 데이터 융합과 분석이 용이하도록 데이터를 수집해야 한다. 빅데이터를 분석하는 주된 이유는 과거의 데이터들에서 유의미한 정보를 추출하여 미래의 현상을 예측하기 위해서이다. 인공지능 개발의 기본 기술이 되며 머신러닝 기술과 결합되어 진정한 효과를 발휘하게 된다.

83정보통신정비과에서는 전군 최초로 로봇 프로세스 자동화(Robot Process Automation) 기술을 업무에 반영하였다. 연간 행정업무 소요 시간을 약 360시간 단축하였고 스마트 종합 감시시스템으로 장비 상태를 실시간 확인이 가능토록 했다. 로봇 프로세스 자동화는 재무, 회계, 제조, 구매, 고객관리 분야에서 빅데이터 기술을 활용해 단순반복 업무를 자동화하는 소프트웨어 프로그램이다.

60수송전대는 전군 항공수송을 지원하고 공군 군수물자 중앙수송을 전담한다. 60전대는 실시간 위치추적 화물운송 시스템을 도입하고 항공화물 3D 자동적재체계를 개발하였다. 이 같은 노력으로 군수물자 정시 도착률이 8% 향상되고 물류처리 기간은 11.3% 단축, 연간 약 4,400만 원의 국방예산 절감을 이룰 수 있을 것으로 분석되었다. 연간 수송실적 분석 데이터를 기반으로 효율적인 육로, 항공노선을 계획, 운영하고, 고객 중심 경영을 추진한 활동도 주목받았다.

국방부 전산정보원은 빅데이터 분석 기반 전군 피복수요예측 알고리즘 개발로 조달 정확도를 70% 수준에서 82%로 향상시키고, 사이즈 안 맞는 피복 수령 불편을 개선하여 연간 관련 예산 102억 원 절감

공군은 빅데이터 분석의 공로를 인정받아
산업통상자원부 장관 표창을 받았다(21.11.03.).

효과가 있다고 홍보했다. 매년 소요되는 전군 피복 예산은 약 6,000억 원이다. 신병 수를 24만 명으로 추산했을 때 지급되는 피복은 38종 총 1,632만 점이다. 군은 피복 제작, 유통 기간을 고려해 신병 입영 1년 전 피복 수요를 사이즈별로 예측하고 미리 구매하였다. 이때 피복 수요는 과거 수요 평균을 바탕으로 계산됐다.

전산정보원은 기존의 분석 방법에 입영 장정 선호도가 반영된 피복 수요예측 모델을 개발하여 더 정확도 높은 예측이 가능하게 되었다. 3D 스캐너를 활용한 신체정보, 피복 사용 데이터, 장병 피복 선호도 등을 수집했다. 통계청, 국가기술표준원 등의 대외기관 데이터를 수집, 종합하여 빅데이터 분석 기반을 구축했다. 피복 수요예측 기법과 선호도 기반 예측 기법을 조합한뒤 머신러닝 기법을 적용하여 분석모델의 신뢰성, 정확성을 확보했다. 그 결과 학습기반 전군 피복수요 예측 알고리즘을 구현해 입영 신병의 전투복·운동복의 사이즈별 비율을 예측했다.

수요예측의 정확도를 높이는 것 이외에도 신병들이 본인 신체 사이즈에 맞는 전투복, 운동복 수량이 모자라 원하는 것보다 크거나 작은 피복을 받아야 했던 불편이 크게 개선되는 효과가 있다.

해군의 대잠작전 프로그램은 해양환경 정보와 함정에서 획득한 음향정보를 저장, 관리, 축적하는 빅데이터 체계이다. 수집한 데이터는 대잠정보 빅데이터 관리 프로그램을 통해 대잠훈련 결과 데이터를 종

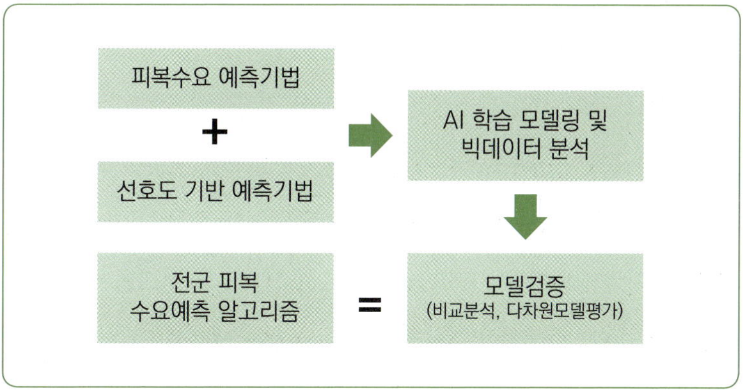

국방 전산정보원의 피복 수요예측 알고리즘 개념

국방부 국방전산정보원은 피복 정확도 개선을 위한 빅데이터·인공지능 기반 전군 피복 수요예측 알고리즘을 개발하였다.

잠수함의 정비 소프트웨어를 사용하는 모습

합 관리하고, 해군 지능형 데이터 융합체계와도 연동 가능하도록 파일 형식 변환 기능까지 제공한다.

소프트웨어지원센터는 잠수함의 자체 정비능력 향상 소프트웨어 개발에 성공했다. 잠수함의 예인형 소나 구동모터 정비시 소음 측정 수치를 가시화하여 소음의 발생정도와 장비 이상 유무를 손쉽게 파악할 수 있다. 또 손원일급 잠수함 음탐기 수신감도의 정도를 수치로 제공한다. 그동안 손원일급 잠수함 음탐기의 음향센서에는 소음 수신값을 전시, 분석할 수 있는 장비가 없어 장비자의 경험에 의존했었다.

신형 하드웨어에 기존에 운용 중인 무기체계 소프트웨어를 가상으로 설치하는 가상화 업무도 진행 중이다. 노후 장비의 잦은 고장이나 단종 부품을 해결하고 새로운 하드웨어의 가상머신으로 이식해 장비 운용을 가능케 한다. 잠수함 사령부의 장보고급 잠수함 훈련용 시뮬레이터도 단종 부품이나 새로운 기능 추가를 위해 신종 하드웨어에 이전 소프트웨어를 이식하는 방법으로 훈련 시뮬레이터를 개선한 바 있다.

빅데이터는 수집하면 반드시 힘이 된다. 현재 군의 데이터 관리 수준으로는 어떤 데이터가 미래에 필요할 것인지 판단하기 힘들다. 이에 수기로 기록 중인 데이터들을 모두 전산화하여 보관할 수 있는 인프라 구축이 필수적이며, 데이터를 전담하여 관리하고 통제하기 위한 조직의 설치도 반드시 필요하다.[1] 최근에는 군용 장비의 고장 데이터들을 수집하고 빅데이터 처리, 머신러닝 기법을 조합하여 총수명 간 군용 장비의 고장 패턴을 예측할 수 있는 알고리즘도 개발되었다. 이 알고리즘은 특히 오기, 결측, 산재된 데이터로 인해 실제 활용할 수 있는 데이터가 적음에도 불구하고 군용 데이터의 특성을 활용하여 모델을 구축하였다는 점에서 주목할 만하다.[2]

1 국방대학교 국가안전보장문제연구소, (2020), 안보연구시리즈 제 6권 제 3호 국방경영 및 군수혁신

2 Moon, H., & Choi, J. (2021). Hierarchical spline for time series prediction: An application to naval ship engine failure rate. Applied AI Letters, 2(1), e22.

★★★★★

22

클라우드 컴퓨팅

SMART LOGISTICS

기술소개

클라우드 컴퓨팅(cloud computing)이란 정보들이 인터넷 서버에 저장되어 공유될 수 있는 환경을 의미한다. 정보들은 데스크톱, 태블릿 컴퓨터, 노트북, 스마트폰 등의 IT 기기 등의 클라이언트에는 일시적으로 저장되고 클라우드 서버에 영구 저장된다. 인터넷 연결이 가능한 환경이라면 어떤 기기를 활용하던 서버에 저장된 데이터를 이용할 수 있다. 사용자들은 구름(cloud)과 같은 무형의 하드웨어나 소프트웨어를 대여하면서 사용요금을 지급한다. 클라우드 컴퓨팅은 인터넷을 이용한 IT 자원의 주문형 아웃소싱 서비스라고 정의되기도 한다.

과거에는 개별 컴퓨터에 저장되어 있던 많은 정보들이 클라우드 컴퓨팅에는 하나로 통합된다. 기기들은 클라우드 서버에 연결될 수 있다면 저장된 정보들을 이용할 수 있다. 정보를 저장하기 위한 고성능의 컴퓨터가 불필요하기 때문에 컴퓨터의 시스템 유지, 보수, 관리 측면에서 유리하다. 기업의 입장에는 서버의 데이터를 추적하고 관리하는 것만으로 데이터의 보안 관리도 동시에 가능하다. 기업에서 활용하는 수많은 개별 컴퓨터들에 대한 서버의 구매 및 설치비용, 업데이트 및 소프트웨어 구매 비용 등이 줄어들고, 그에 필요한 인력도 줄어든다.

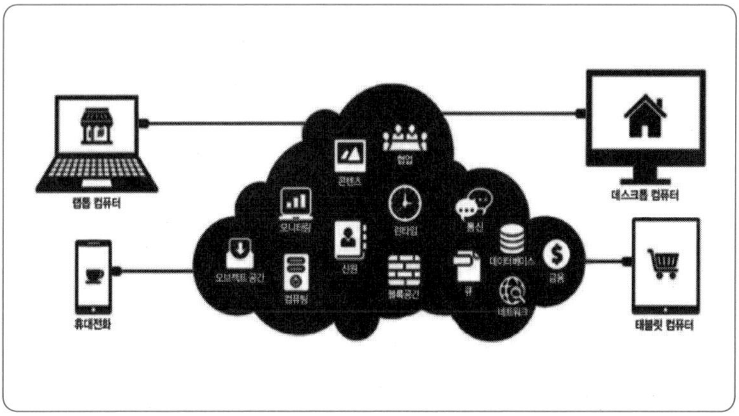

클라우드 개념

네이버에서 제공하는 개인 및 단체용 클라우드 서비스

출처: 네이버 MYBOX.

클라우드 컴퓨팅의 주요한 특징으로 네 가지를 뽑을 수 있다. 첫째는 스마트 네트워크이다. 클라우드 서버에 접속하는 장치의 위치나 종류(PC, 휴대전화 등)와 무관하게 사용자들은 웹 브라우저를 통해 서버 시스템에 접근할 수 있다. 둘째는 유연성의 제고이다. 클라우드 컴퓨팅은 클라우드에 접속하는 개별 장치들의 고성능 사양을 요구하지 않는다. 따라서 인프라 자원들의 재보충, 확장에 대해 사용자의 유연성을 제고시킬 수 있다. 셋째는 비용 절감이다. 기업들은 클라우드 서버를 활용함으로서 생기는 절감 비용을 영업 비용으로 전환할 수 있게 되었다. 드물게 수행되는 컴퓨터 점검 등에서 발생하는 비용이 줄어들었기 때문이다. 넷째는 안전한 환경 구축이다. 일관성 있게 데이터들을 신뢰성 높은 서버에 보관함으로서 데이터 관리 측면에서 안전한 환경이 구축된다.

발전과정

정보처리 시스템은 크게 10년 주기로 큰 변화를 보여왔다. 1980년대는 메인 프레임이라고 하는 대형 범용 컴퓨터가 활용되었다. 모든 데이터와 애플리케이션을 메인 프레임에 모아 처리했다. 메인 프레임에 연결된 단말기들은 입력과 출력 표시 기능을 수행하였다. 1990년대에 들어서는 단말기에도 데이터 보관 및 처리 기능이 포함되었다. 2000년대 들어서면서 사내 시스템이 네트워크 환경을 통해 구축되면서 데이터들의 처리가 서버에 집중되었다. 군을 포함한 정부기관들도 데이터의 관리와 공유를 위해 인트라넷 서비스를 도입하게 되었다. 2010년대부터는 전 세계에 분산 배치된 서버 리소스들을 필요에 따라 사용하는 클라우드 컴퓨팅 모델로 발전해 왔다.

민, 군에서의 활용

1991년 사막의 폭풍 작전 이후 1990년대 말부터 미 공군은 목표 선정의 효과에 대해 연구하였다. 2001년 미 공군준장 데이비드 뎁툴라(David A. Deptula)는 이를 전쟁의 본질 변화와 효과중심작전(EBO, Effects Based Operations)이라는 책으로 발간했다. 효과중심작전은 전장을 파악하여 적을 무력화시키기 위한 최소한의 공격만을 수행하는 방법이

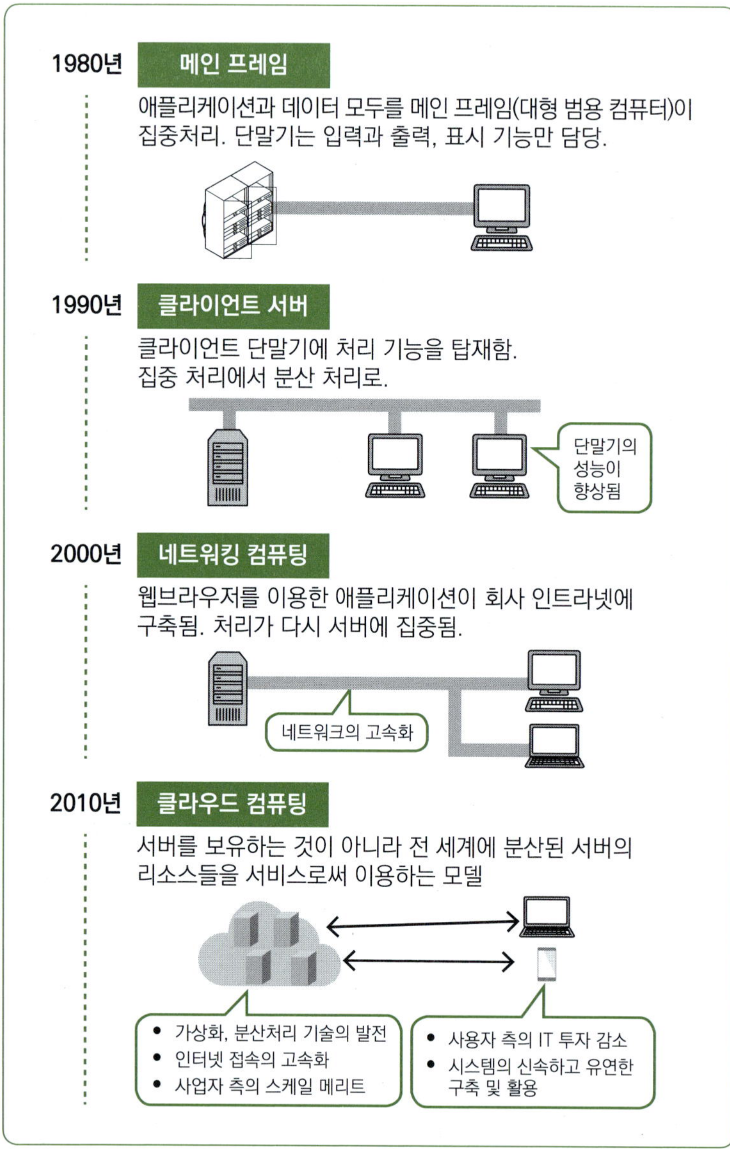
1980년
메인 프레임
애플리케이션과 데이터 모두를 메인 프레임(대형 범용 컴퓨터)이
집중처리. 단말기는 입력과 출력, 표시 기능만 담당.
1990년
클라이언트 서버
클라이언트 단말기에 처리 기능을 탑재함.
집중 처리에서 분산 처리로.
단말기의
성능이
향상됨
2000년
네트워킹 컴퓨팅
웹브라우저를 이용한 애플리케이션이 회사 인트라넷에
구축됨. 처리가 다시 서버에 집중됨.
네트워크의 고속화
2010년
클라우드 컴퓨팅
서버를 보유하는 것이 아니라 전 세계에 분산된 서버의
리소스들을 서비스로써 이용하는 모델
• 가상화, 분산처리 기술의 발전
• 인터넷 접속의 고속화
• 사업자 측의 스케일 메리트
• 사용자 측의 IT 투자 감소
• 시스템의 신속하고 유연한
구축 및 활용

시대별 컴퓨터 발전과정

다. 전장 파악과 작전중의 정보 공유를 위해 네트워크가 중요시 되었고, 네트워크 중심전(NCW, Network Centric Warfare)으로 발전하였다.

전장 정보 공유에서 부대 전체 통제로

도식화된 아프가니스탄전에서 활용된 효과중심작전을 보면 수많은 영향요소들이 얽혀있는 것을 확인할 수 있다. 많은 정보들이 전달되고 공유되면서 전쟁이 수행되었음을 알 수 있다. 네트워크의 전장 투입은 정보 수집을 통해 지휘관의 신속한 지휘결심을 위해 활용되었다. 최초에는 전장의 상황에는 아군과 적군의 전투 상황 등이 전달되었으나 기상과 같은 전장 영향 요인까지 확장되었다.

기상은 항공, 지상, 해상작전 등 모든 군사작전에 영향을 미치는 요소이다. 현대에도 기상의 영향은 크기 때문에 변화를 정확히 예측하고 선제적으로 대비가 필수적인 요소이다. 공군의 기상단은 공군과 기상청 간 고속네트워크를 구축하고 기존 네트워크 회선과의 결합을 통해 기상청과의 자료 공유 능력을 극대화했고, 국방예산 절감이라는 성과를 얻어냈다. 현재는 클라우드 기반 기상정보 지원체계를 구축해 예보지원능력을 더욱 향상 시켰으며 위험기상에 대한 분석과 분석 기법을 공유하는 등 작전 기상 지원의 전문성을 강화하고 있다.

클라우드 컴퓨팅 기술은 군수분야에도 적용되고 있다. 작전의 성패는 작전상황 공유뿐만 아니라 지속가능한 군수의 영향이 크기 때문

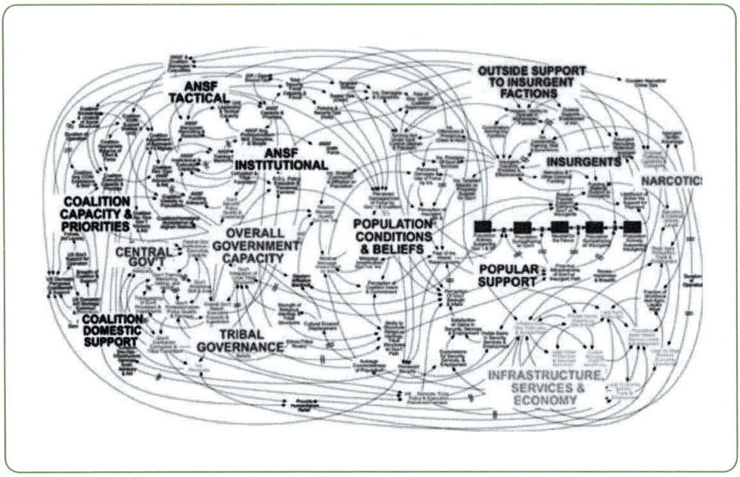

아프가니스탄전에서 활용된 효과중심작전 도식

이다. 우리 군의 4차 산업혁명 스마트 국방혁신 과제 중에는 장비 부품의 단종 문제 해결을 위한 연구들도 진행되고 있다. 장비가동에 영향을 미치는 부품들의 단종 문제 해결을 위해 군과 업체가 단종정보를 공유하기 위한 클라우드 단종정보 관리체계를 구축하고 있다. 여기에는 정비 효율성 향상을 위해 장비에 탑재된 각종 센서들로부터 얻은 데이터들을 활용하여 정비 시점을 사전에 예측하여 정비하는 상태기반정비(CBM, Condition Based Maintenance)를 단계적으로 도입하는 것도 포함되어 있다.

전장 환경이 네트워크 중심으로 변화하고 있고 무기체계와 장비들의 소프트웨어의 복잡도가 증가하면서 수많은 정보들의 수집과 분석 방법에 대한 연구가 지속되고 있다. 이와 같은 환경에서 클라우드 컴퓨팅 방식은 다양한 무기체계와 장비들에 정보를 전달하고 수집할 수 있는 수단이 된다.

클라우드 구현을 통한 군 발전의 핵심 요소

최신화된 통계기법을 활용한 군수발전 방법에 대한 연구들이 있었다. 군 장비들의 고장 데이터를 활용하여 총수명 간의 고장발생 패턴을 파악하고 이에 맞는 정비주기를 설정해야 한다는 연구였다. 해당 연구는 군이 추진하고 있는 상태기반정비에 도달하기 위해 선제적으로 구

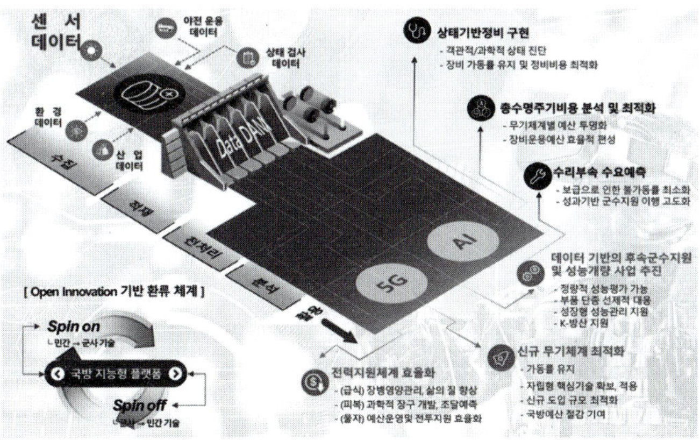

클라우드(Data DAM)에 저장된 데이터를 활용한 군수체계 개선예시

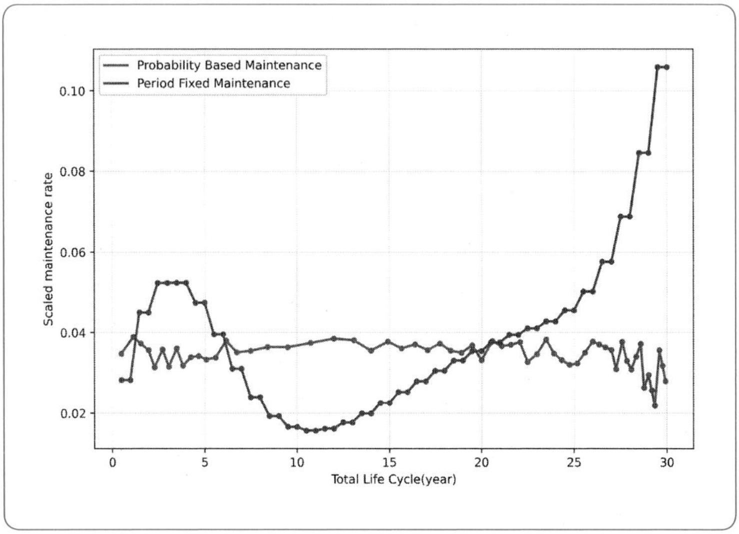

해군 함정의 부분 상태기반정비 수행 시뮬레이션

굴곡이 심하지 않은 그래프가 상태기반정비, 굴곡이 심한 그래프가 현재의 정비를 의미한다. 세로축은 장비 부품들의 고장건수로 이해할 수 있다.

축해야 할 정비주기 분석 방법에 대한 연구였다.[1, 2] 이 연구들에서는 군의 데이터 관리 실태를 지적하며 4차 산업혁명 기술 도입을 위해서는 데이터 축적을 최우선 과제로 삼아야 한다고 주장하였다.

1 최진우, 문현지, & 조원영. (2020). 고장함수를 고려한 총수명주기간 계획정비 간격 최적화에 관한 연구. 로지스틱스연구, 28(6), 57-70.

2 박정서, 문성암, & 최진우. (2021). 고장확률 기반 계획정비 대기행렬 시뮬레이션: 해군 전투함정을 중심으로. 대한산업공학회 춘계공동학술대회 논문집, 1077-1095.

민, 군 협동을 통한 클라우드 기반 드론의 정찰과 표적탐지 시험

군은 보안의 문제로 데이터를 장기간 축적하지 않는다. 클라우드 서버가 구현되어도 데이터를 주기적으로 삭제한다면 클라우드에 수집된 대량의 데이터를 제대로 활용할 수 없다. 클라우드를 통한 데이터의 수집은 장기간의 종합된 데이터를 활용해 유의미한 분석을 수행하기 위함이기 때문이다. 상태기반정비 또한 다량의 데이터를 기반으로 한다. 현 상태를 모니터링하고 진단하여 정비 시점을 결정하지만, 진단 자체가 과거의 데이터를 활용하여 수행되기 때문이다. 즉 군이 4차 산업혁명 기술을 활용한 목표를 이루기 위해서는 데이터의 보존에 대한 보안정책부터 수정되어야 한다.

2019년 육군 31사단에서는 스마트 드론의 활용을 위한 시범이 있었다. 스마트 드론에는 기기에 장착된 카메라를 원격으로 제어하고, 드론의 경로를 조회할 수 있는 '클라우드 관제시스템'과 드론의 카메라로 촬영되는 풀 HD급 고화질 영상을 실시간으로 여러 단말기에서 전송, 확인할 수 있는 '영상중계 시스템'이 갖춰져 있다. 기존 드론은 비행 중 촬영한 사진이나 영상을 드론에 장착된 장치에 저장해 뒀다가 원점으로 돌아와야만 데이터 확인이 가능했는데, 스마트 드론 운용으로 군사작전에서 작전의 효율을 극대화할 수 있게 되었다.

데이터의 보존이 가능하다면 드론이 수집한 적의 정보를 분석할 수 있다. 장기간의 정보가 축적된다면 적의 전쟁 수행을 예측할 수 있게 된다. 적의 동태를 미연에 예측하고 선제조치함으로서 전쟁을 주도적으로 수행할 수 있게 된다.

데이터의 장기 보존이 가능하다면 군수분야에는 최신 통계기법의 적용이 가능하다. 빅데이터 기술 발전과 컴퓨팅 파워 향상으로 최근에는 대량의 데이터에서 유의미한 정보들을 추출하여 분석하는 연구들이 많이 진행되고 있다. 군의 데이터가 장기간 다량 축적된다면 수리부속의 예측이나 상태기반정비 구현 등을 통해 지속가능한 군수가 실현될 것으로 보인다.

클라우딩 컴퓨팅을 활용하기 위해서는 기초 데이터 축적이 기본이다. 축적된 데이터가 있어야만 공유를 하고, 공유한 데이터를 분석하고 예측에 활용할 수 있다. 그러나 이런 기본적인 자료 축적도 하지 않고 혁신을 달성한다는 것은 무리라는 것은 누구라도 예측할 수 있다.

★★★★★

23

디지털 트윈

SMART LOGISTICS

기술소개

디지털 트윈(digital twin)은 실물과 똑같은 물체를 가상공간에 생성하여 다양한 시뮬레이션을 수행하는 기술을 의미한다. 제네럴 일렉트릭(GE)사가 제조업 분야에 디지털 트윈 기술을 도입하면서 확장되었다. 항공, 건설, 헬스케어, 에너지, 국방 등 다양한 분야로 확장되고 있다. 항공 분야 시뮬레이션에는 비행중 겪는 환경 정보를 디지털 트윈에 반영하여 항공기에 미치는 영향을 시뮬레이션하고 기기의 고장을 예측할

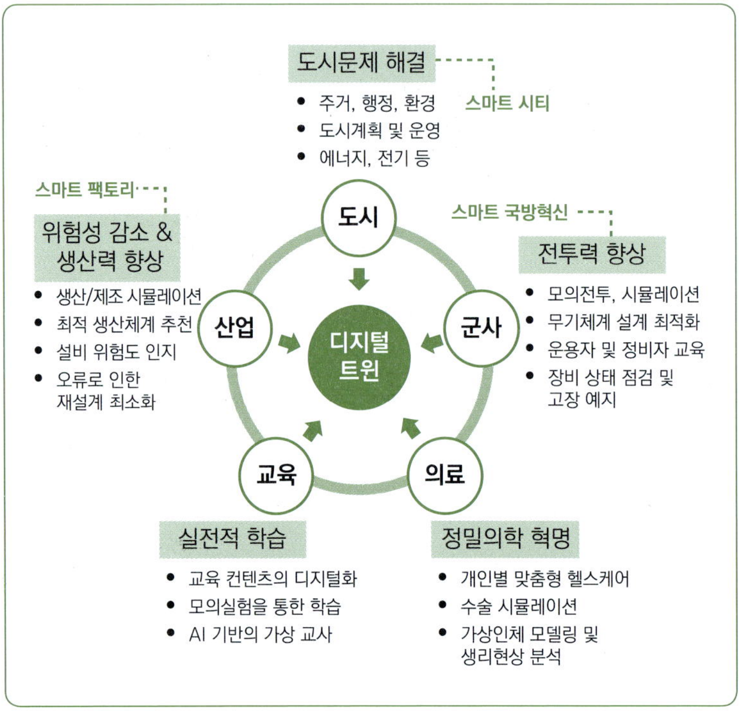

디지털 트윈 혁신분야

수 있다. 비행 조종 시뮬레이션으로 활용되기도 한다. 디지털 트윈 기술은 3차원 설계 프로그램과 사물인터넷(IoT) 기술이 발달하여 빅데이터를 수집할 수 있게 되면서 정확도가 높아지는 추세이다.

디지털 트윈 기술을 활용하여 시뮬레이셔을 수행하면 장비나 시스템의 작동 데이터들을 얻을 수 있다. 이 데이터들을 활용하여 유지, 보수 시점을 파악할 수 있게 된다. 또 장비 작동 중 발생할 수 있는 여러가지 돌발 상황에 대한 예방 대책을 세울수도 있다. 시뮬레이션을 통해 생산성을 향상시키고 장비를 최적화하는 등의 결과를 가져올 수 있고, 시제품 제작 비용과 시간의 절감이 가능하다. 디지털 트윈 기술에는 네 가지 특징이 있다.

연결성의 특징은 사물인터넷(IoT)의 발전과 연관된다. IoT의 발전이 디지털 트윈 기술의 발전으로 이어지기 때문이다. 디지털 트윈과 사물 인터넷 기술들은 물리적 구성 요소와 디지털 구성 요소를 연결해준다.

미시간 대학교의 마이클 그리브스(Michael Grieves)는 디지털 트윈의 균질화 특징에 대해 언급한 바 있다. 과거에는 공장 현장 파악을 위해 관리자들의 사무실을 공장 상부에 지었다. 디지털 트윈이 도입되면 관리자뿐만 아니라 모든 사람이 전 세계 모든 공장을 가상으로 확인할 수 있다. 디지털 트윈을 통해 물리적 제품에 대한 정보를 디지털로 저장하고 제품 자체와 분리시킬 수 있다. 제품을 직접 활용하지 않고도 제품을 경험해볼 수 있다는 의미이다. 균질화된 디지털 정보는 다품종 소량생산에도 적합하다.

디지털 트윈은 시뮬레이션 결과를 기록으로 남겨 추적이 가능하다. 디지털 트윈을 통한 시뮬레이션 중 특정 장비의 문제 발생이 확인되면 엔지니어는 시뮬레이션 결과를 추적하여 문제 발생 위치와 원인을 진단할 수 있다.

디지털 트윈 기술은 모듈화와 모듈들의 통합이 가능하다. 디지털

디지털 트윈의 활용

디지털 트윈을 활용하면 현실을 가상에 구축함으로서 현실의 현상들을 가상으로 시뮬레이션 할 수 있다.

트윈 기술을 사용하여 제조업체는 시스템의 성능을 저하시키는 부분을 확인하고 해당 모듈을 교체하여 시뮬레이션 할 수 있다. 프로세스의 성능이 더 좋아지는 모듈을 선택하고 실제 적용함으로서 제조 프로세스의 개선이 가능하다.

발전과정

디지털 트윈이라는 개념은 2002년 미국 미시간 대학교 마이클 그리브스(Michael Grieves) 박사가 처음 제안하였다. 2012년 미국 항공우주국(NASA)이 아폴로 계획에서 우주 문제를 진단하기 위해 캡슐 실물모형을 디지털 시뮬레이션으로 대체하면서 최초 적용을 시작하였다. 그러나 지금으로부터 약 50년전 아폴로13의 달 착륙 시뮬레이터가 디지털 트윈 구현의 시초라는 의견도 있다. 아폴로13 시뮬레이터가 실제의 환경을 그만큼 잘 구현했기 때문이다.[1] 미국 가전업체인 제너럴 일렉트릭(GE)사의 적용을 시초로 제조업에 도입되기 시작했다.

2016년 미국 IT 컨설팅 업체인 가트너(Gartner)는 2017년의 10대 전략기술로 '디지털 트윈'을 발표했다. 이후 미국, 독일, 영국 등의 선진국가를 중심으로 디지털 트윈 기술을 활용한 제조업 시스템, 스마트 시티 구현 등의 분야에 적용하기 시작했다.

우리나라는 2018년 4월 국토연구원에서 4차 산업혁명을 견인하는 디지털트윈 공간(DTS, Digital Twin Space) 구축전략을 발표하였다. 이후 2020년 7월 14일에는 한국판 뉴딜의 10대 대표 과제 중에 하나로 선정되었다. 디지털 트윈은 융복합 분야에 속한다. 정부는 자율주행 자동차, 드론 등 신산업의 기반을 마련하고 안전한 국토, 시설 관리

1 SIEMENS사 BLOG ('20. 4.14.) Apollo 13: The first digital twin.

NASA의 디지털 트윈을 통한 임무 시뮬레이션

를 위해 디지털 트윈 구축을 시도하고 있다. 세부적으로 도심지 등 주요 지역의 수치 표고모형 구축과 고해상도 영상지도 작성 등을 통해 디지털 트윈 기반의 스마트 항만, 스마트 시티 구축 등을 추진하고 있다.

민, 군에서의 활용

군에서 디지털 트윈은 교육훈련에 도입하고 있다. 디지털 트윈 효과가 충분히 검증되어 군수분야에도 적용되고 있다. 가상공간에 실물과 똑같은 장비를 구축하여 시뮬레이션을 통한 교육, 실험, 예측 등에 활용하고 있다. 가상실험을 통해 작전, 정비, 물류, 정보, 획득 등 다양한 분야의 실험과 예측이 가능할 것으로 보인다.

교육훈련은 실제와 동일하게

해군사관학교는 지난 2018년부터 KT와 함께 스마트 캠퍼스 구축사업을 진행하였다. 그리고 COVID-19의 확산에 따라 비대면 언택트 교육을 활성화를 통해 시공간에 구애 받지 않는 교육 인프라를 구축하고 있다. 해사는 스마트 캠퍼스 구축을 통해 75억여 원의 국방예산 절감 효과를 얻었다. 또한 5G 무선 인프라 구축, 실감형 콘텐츠 개발 등의 기반 시스템을 갖추게 될 것이다.

특히 주목받는 분야는 디지털 트윈 기반의 함정추진체계이다. 확장현실(XR)과 디지털트윈 기술을 함정추진 계통에 접목한 것은 국내 최초이다. 함정추진체계 교육실이 갖춰지면 함정의 디젤엔진, 가스터빈부터 감속기어, 프로펠러 등 추진체계 전반을 확장현실 기반으로 구현된다. 해군 사관생도들이 장교로 임관한 후에는 실제로 추진체계 장

디지털 트윈 엔진

비를 직접 만져볼 기회가 없다. 생도들의 교육기간에 수행되는 실질적 교육은 임관 후 실무 이해 수준이 향상될 것이다. 또 사관학교 졸업 시 결정되는 병과 선정 시 본인의 관심분야를 선택하는 데 도움을 주게 되어 장교들의 전문성을 향상시키게 될 것으로 보인다.

획득사업을 좌우하는 디지털 트윈

항공기나 우주선의 시험제작에도 디지털 트윈이 활발하게 적용 중이다. 즉각적인 비행에는 위험한 요소들이 많으므로 수많은 실험 데이터를 확보하여 예측하는 것이다. 과거에는 컴퓨터 성능 제약으로 항공기의 기동성이나 비행 안전성에 대한 시뮬레이션만 가능하였다. 컴퓨팅

항공기 개발에 활용되는 디지털 트윈

파워가 향상된 지금은 가능한 모든 요소들을 가상 공간 속에 포함시킨다. 디지털 트윈에는 현실의 요소가 많이 포함될수록 실제와 같아진다. 여러 다양한 시험을 컴퓨터에서 미리 수행하여 예상되는 돌발상황들에 대한 실험과 검증을 수행하고 있다.

잠수함 건조에도 디지털 트윈이 적용되었다. 국내 기술로 건조된 장보고-III급 잠수함 개발에는 디지털 목업이 활용되었다. 잠수함 승조원들은 함정 건조 사업에 대한 공학적 전문지식을 갖추긴 어렵다. 여기서 디지털 잠수함은 실제 승조원들에게 장비의 설치될 위치와 밸브들의 높이 등을 가상 공간을 통해 확인시켜주고 피드백을 받는 형식

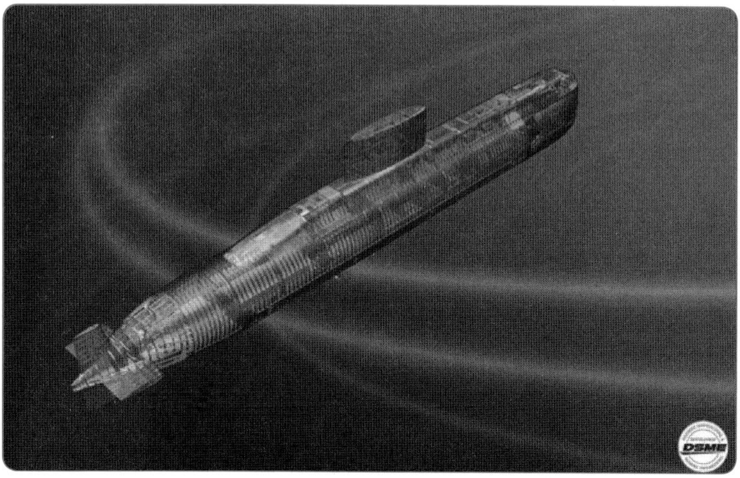

대우조선해양(DSME)가 개발한 디지털 잠수함

으로 함정 설계가 진행되었다. 승조원들은 실제 엔진룸에 들어가서 장비와 장비 사이에서 긴급상황시 정비할 공간이 충분한지, 정비시 분해가 가능하도록 장비가 설치되었는지 등을 가상으로 확인할 수 있었다. 승조원들은 잠수함 내부의 장비 위치들뿐만 아니라 잠수함 기동 중 발생하는 특징들이 디지털 잠수함에 반영되었는지 확인하는 과정을 지원하였다. 다른 전력과 달리 개체당 가격이 비싼 잠수함의 건조에 디지털 트윈이 적용되어 실제 기동 상태를 확인할 수 있었다.

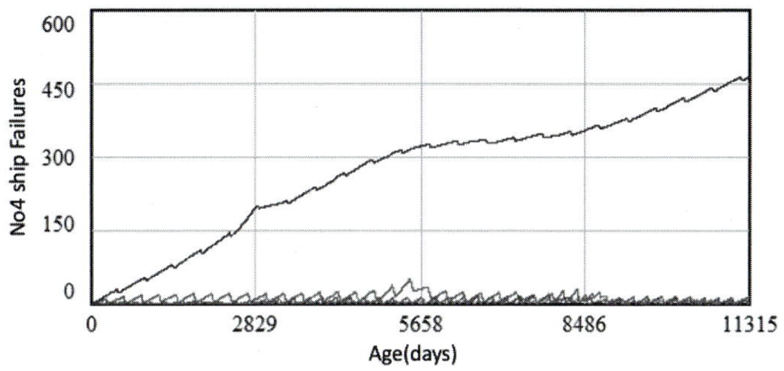

국방대학교에서 수행 중인 디지털 트윈 분석 자료

군수에서 군 전체를 디지털 트윈으로

최근 국방대학교에서는 군 시스템을 디지털 트윈 시키기 위한 기초 모델이 개발되었다. 해군 함정의 운용과 정비, 작전중 발생하는 긴급고장, 정비부대에서 이루어지는 실질적 업무처리 속도 등이 세부적으로 구현되었다. 모델을 통해 군수 정책에 따라 임무 성공률이나 총수명간 운영 비용, 정비원들의 업무량이나 작전 중 함정의 고장량을 시뮬레이션할 수 있다. 국방대 연구팀은 해당 모델을 발전시키면 군수에서 시작되어 해군 전체를 디지털 트윈으로 구현할 수 있고, 군의 각종 분야에서 이루어지는 정책 결정이 군 전체에 어떤 영향을 미치는지 시뮬레이션 할 수 있다고 설명하였다. 또 이 시뮬레이션 모델은 4차 산업혁명 기술 도입을 위한 군이 검토해야 할 우선적인 부분이 무엇인지도 확인할 수 있다 고 밝혔다. 연구팀은 가상의 군수 정책을 가정하고 반복적인 시뮬레이션을 통해 정책에 따라 발생하는 문제점들을 확인 및 분석을 수행하고 있다.

★★★★★

24

자율주행

SMART LOGISTICS

기술소개

자율주행자동차는 운전자 또는 승객의 조작없이 자동차 스스로 운행이 가능한 자동차이다. 자율주행자동차는 스스로 운전자가 수행하던 인지, 판단, 제어 기능을 대체한다. 자율주행은 운전자의 과실로 발생하는 교통사고를 줄여 운전자와 보행자의 안전을 높이고, 교통 약자들의 이동장벽을 제거하며, 교통정체를 완화시키는 역할 등을 수행한다.

자율주행차는 운전자의 개입여부, 자동화 수준에 따라 기술수준

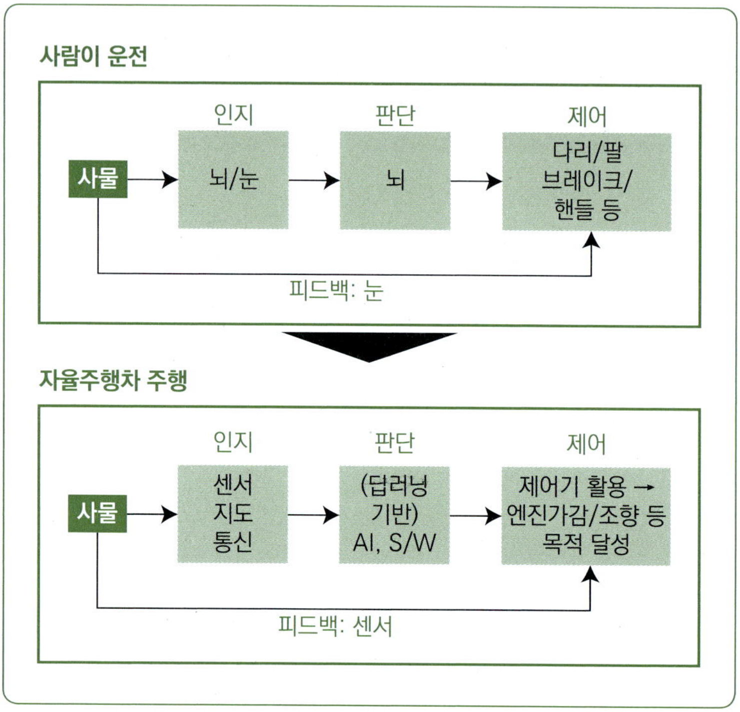

기존 차량과 자율주행자동차의 운행 방식 비교

출처: 백장균 (2020). 자율주행차 국내외 개발 현황. KDB 미래전략연구소 연구보고서 제771호, pp.17-36.

을 6단계로 구분한다. 3단계 이상은 일부 또는 완전 자율주행 기능이 실행된다. 3, 4단계는 고해상도 지도, C-ITS(차량과 교통인프라간 양방향 통신과 협업, Cooperative Intelligent Transport Systems) 등의 인프라를 활용한다. 주행환경, 운용방법을 설정 및 제한하고 자율주행의 안정성을 확보한

단계	특성	예시
0단계	자율주행 기능 없음	사각지대 경고
1단계	가속, 감속 등 자동화 운전 보조	차선 유지 또는 크루즈 주행
2단계	2개 이상 자동화 기능의 동시 작동	차선 유지와 크루즈 주행
3단계	특정 상황에서 운전자 개입 필요	혼잡 구간 주행지원 시스템
4단계	특정 지역에서 자율주행 가능	지역(Local) 무인 택시
5단계	모든 지역, 상황에서 자율주행 가능	운전자 없는 완전 자율 주행

자율주행 단계에 따른 특성과 예시

출처: 미국자동차기술학회(SAE, Society of Automotive Engineers).

운행설계영역(ODD, Operational Design Domain)에서 자율주행이 가능하게 된다. ODD 안에서 3단계는 운전자 개입이 필요하고 4단계는 운전자 개입이 필요없다. 5단계는 ODD와 운전자 모두가 필요 없음으로 구분된다. 3단계 이상부터 자율주행이 개입되므로 자동차 제조사의 법적 책임도 발생된다.

자율주행 기술은 주행에 필요한 정보와 신호를 입력받는 인지기술, 정보와 신호를 처리하는 소프트웨어 등 판단기술, 조향, 제동, 가속 등의 제어기술로 구성된다.

인지기술

차량의 주변 상황 인식을 위해 필요한 센서(레이더, 라이더, 카메라, 나이트비전 등)의 설계 및 제작이나 신호처리 알고리즘 구축 등과 관련된 기술이다. 센서, 고정밀 GPS, 실시간 지역 정밀지도 구축 및 데이터베이스 등 인프라설비 구축 등이 인지기술 분야에 포함된다.

판단기술

인공지능, 차량용 소프트웨어 관련 기술이다. 인지, 판단, 제어 등 자율주행에 관여하는 핵심기술이다. 기존에는 센서들을 활용하여 규칙기반 방식의 소프트웨어 알고리즘을 사용하였다. 그러나 이미지 인식

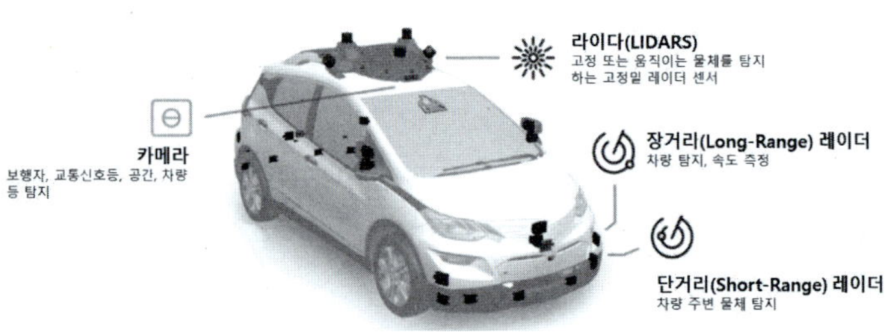

자율주행 자동차 인지 센서

출처: General Motors.

분야 등에 인공지능 기술을 접목한 방식이 많이 활용되는 추세이다. 이외에도 주행 경로 최적화, 주행 상황판단, 전후방 및 측면 충돌예측, 돌발상황에 대한 긴급대응 등에 인공지능 기술이 활용되고 있다. 현재의 자율주행 기술수준은 인지, 판단, 제어기능들의 소프트웨어를 별도 운용하고 있으나 전체 과정을 인공지능으로 한번에 구현하는 방법도 연구개발 중이다.

제어기술

인공지능의 판단에 따라 차량에 장착된 각종 제동, 조향, 가속 등을 적절하게 제어하는 기술이다. 기존 내연기관 차량도 자율주행 제어가 가능하지만 전기차와 같이 모터 기반 전자식 엑츄에이터가 정밀제어에 보다 유리하다.

네트워크

자율주행차량은 차량간, 차량대 사람, 차량과 인프라 통신을 가능하게 하는 V2X(Vehicle to Everything) 통신 기술을 활용하여 차량 자체에 설치된 센서에만 의지하지 않게 된다. V2X를 포함한 통신기술을 활용하여 교통 인프라들과 연결되어 교통환경 정보를 파악하기 때문에 주행 안전성이 높아진다. 자율주행 단계가 높아질수록 교통 인프라들

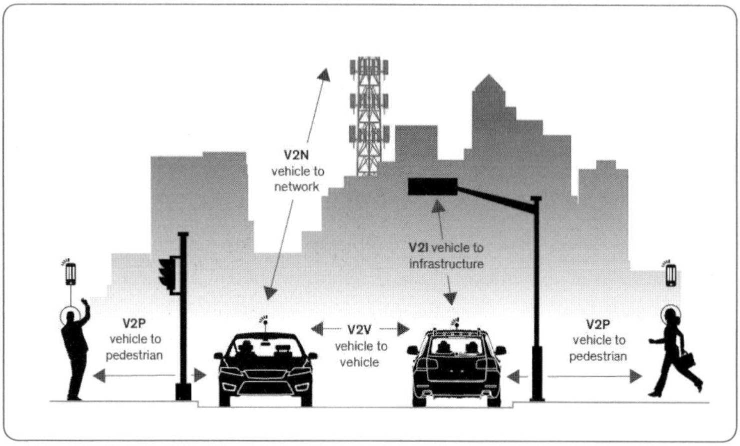

자동자 네트워크 세부 기술

출처: McKinsey Center for Future Mobility.

(신호등, 가드레일, 가로등, 버스정류소 등)과 차량 간 통신을 지원할 수 있는 수준이 높아져야 한다. 동시 신호를 받아들였을 경우 우선순위를 지정하기 위한 표준도 마련되어야 한다. 교통 신호와 돌발운전자들을 동시에 만났을 때 회피할 것인가와 교통 신호를 지킬 것인가와 같은 문제들에 대한 표준이 필요하다. 인프라들과의 연동 및 통합 정보 제어를 위해 스마트 시티와 같은 도시 인프라가 병행되어야 한다.

센서

- Radar
- Lidar
- Stereo Cam
- Ultrasonic
- 운전자 감시
- GPS/DGPS

SW/통합

- 센서, 제이/구동, 네트워크 통합
- 운행전략(경로생성 등) 구축
- 운행조작(회피/파선 유지 등) 구축
- 운전자 상태 판단 및 제어
- 엔터테인먼트, 스마트 비서
- 사용자 맞춤 운전 설정

제어/HVI

- 조향/구동/제동 액추에이터
- 각종 편의장치 제어/구동
- 디스플레이 설계/구현
- 각종 조작 컨트롤러 설계

네트워크

- 차량 내 통신
  - LIN
  - CAN
  - FlexRay
  - Ethernet
- 차량-외부 통신
  - WAVE
  - CALM
  - ISO TC204 WG17
  - 5G 통신
- 외부-외부 통신
  - 4G/5G 통신
- 네트워크 보안
  - 해킹방지 보안 모듈
  - 기기인증, 암호화

인프라

- 실시간 정밀 지도(LDM) 구축
- 차량 위치 보정 장비
- 정보통합 관제 기술
- 실시간 경고/안내 표지
- V2I 통신용 도로시설

V2V

- 협력 주행을 위한 정보 생성
- 차량 간 운행 정보 동기화

서비스

- 사용자 맞춤 정보/뉴스
- 주행정보 빅데이터 분석
- 스마트카 활용 서비스 개발 및 서비스별 전용 APP 개발
- 차량 인증 기술

자율주행차 핵심기술 요소

출처: 산업은행 자료 재구성.

발전과정

자율주행자동차는 1939년 뉴욕 세계박람회에서 처음 등장하였다. 산업 디자이너였던 노먼 벨 게디스(Norman Bel Geddes)와 제너럴 모터스(General Motors)는 미래의 도시 모습을 묘사했다. 게디스가 상상한 컴퓨터 시스템과 자동 속도조절장치가 장착된 자동차가 현재의 자율주행자동차의 컨셉과 유사했다. 최초의 자율주행자동차는 1977년 일본 츠쿠바 기계공학연구소에서 최초로 제작되었다. 시속 30km/h의 속도로 미리 지정해둔 경로를 따라 운행하는 데 성공했다. 1986년에는 독일 뮌헨 연방대학의 에른스트 딕만(Ernest Dickman) 교수가 자동차에 카메라와 센서를 달아 최고속도 100km/h로 달릴 수 있는 자율주행자동차를 제작했다. 딕만 교수는 제작한 자율주행자동차는 운전자 없이 독일 뮌헨에서 덴마크 코펜하겐까지 약 1,600km를 주행하였다.

딕만 교수가 개조한 자율주행 자동차

구글(Google)은 미국 방위고등연구계획국(DARPA, Defense Advanced Research Projects Agency)이 주관하는 2005년 무인자동차 대회에서 우승을 차지한 스탠퍼드대학의 세바스찬 스런(Sebastian Thrun) 박사를 영입하였다. 2009년부터 구글이 적극적으로 자율주행자동차 개발 프로젝트를 시작하게 되면서 폭스바겐, 도요타, GM, 포드, 현대기아차, 볼보, BMW 등 주요 자동차 제작사와 웨이모(Waymo), 우버(Uber) 등의 업체들도 경쟁적으로 자율주행차를 개발하기 시작했다.

민, 군에서의 활용

군에서 자율주행자동차의 도입은 현실적인 문제인 군차량의 교통사고를 획기적으로 감소시킬 수 있을 것이다. 도시화되고 복잡해진 도로환경으로 인해 교통사고의 위험성이 점점 높아지고 있기 때문이다. 2019년 기준 군내 사고 중 교통사고의 비율은 30%에 달했다. 자율주행자동차의 군내 도입은 교통사고의 발생가능성을 줄여 군차량의 교통사고를 획기적으로 줄이는 해결책이 될 것이다.

또한 군은 입대자원의 감소 및 병 복무기간 단축, 군수부대의 개편 등으로 운전병의 숫자가 계속 줄어드는 어려움에 직면하고 있는데 이에 대한 대책으로 자율주행자동차 도입이 가속화될 것으로 전망된다. 뿐만 아니라 전투용으로 사용되는 각종 전차, 자주포 차량에도 자율주행자동차 기술을 사용하여 수색, 작전, 공격, 방어 등 다목적으로 사용될 수 있다. 향후에는 드론 등 무인항공기에도 활용범위를 점차 확대될 예정이다.

미국도 자율주행기술을 군에 적용시키기 위해 노력하고 있다. 미군의 무인주행시스템(AMAS, Autonomous Mobility Applique System)은 수송에 투입되는 자원을 절약하고 위험성 감소를 위해 자율주행기술을 모든 군수부대의 자동차에 적용시키고, 궁극적으로 운전병을 전투병으로 전환시키려고 노력하는 중이다.

현재 AMAS는 자율주행 2단계 수준의 역할을 수행한다. 군 차량에 충돌방지 제동장치, 어댑티브 크루즈 컨트롤, 차선유지 보조장치가 포함된 부분자율주행 기능들이 장착되었으며 총 55,000마일의 거리를 성공적으로 주행하였다. 시험에 참여한 운전병들은 차간거리를 유지하며 운전하는 차량행군의 피로도 감소에 도움이 되었다는 긍정적인 답변을 하였다. 미군은 605억 원을 투입하여 70대의 차량에 부분자율주행 키트를 설치하여 시험운용 중이다.

우리 군도 상용화된 기술을 우선 도입하여 군에서의 활용 가능성을 검토해야 한다. 현재 군은 중형표준차량 개발사업을 진행 중인데, 해당 사업에 AMAS와 유사한 부분 자율주행기술이 탑재되도록 노력해야 한다. 향후 발전한 자율주행기술이 개발되었을 때 쉽게 성능개선이 가능해야 한다.

자율주행기술의 군 적용 분야는 다양하다. 보급창이나 탄약창에서 전방 군수부대로의 물자보급, 부대별 부식분배, 우편물 수발 등의 수송작전에 가장 먼저 활용될 수 있다. 이러한 경험을 바탕으로 자율주행자동차의 운용을 위한 인프라 구축, 제도 및 규정 개선, 운전병 교육체계 재정립 등 예상되는 과제를 도출하고 준비하는데 역량을 집중해야 한다.[1]

공군 서산비행단에서는 스마트 작전기상체계, 스마트 항공기정비체계, 스마트 경계감시체계, 스마트 안전관리체계, 스마트 재난관리체

탐색개발을 끝낸 무인수색차량

1 주우삼, 백승훈, 김성경 (2021). 자율주행자동차의 군 적용방안. 국방과 기술, (504), pp.80-89.

계, 스마트 교육훈련체계, 스마트 시설물관리체계, 스마트 환경관리체계, 스마트 수송/물자관계체계 등으로 신속하고 효율적으로 작전을 수행하는 첨단 비행단인 지능형 스마트 비행단을 운영 중이다. 비행단 내 5G 기반 자율주행체계와 400여 대 군 차량의 관제체계를 2022년에 시범 도입하고 효과를 검증할 예정이다.

2021년 서울 ADEX에서는 국방과학연구소(ADD)의 무인수색차량부터 육군에서 시범운용에 들어간 다목적 무인차량과 소형정찰로봇 등이 과거에 비해 많은 곳을 차지하고 있었다.

한화디펜스의 지능형 다목적무인차량은 인공지능 기반의 전기추진 플랫폼이다. 육군은 개발 후 작전에 투입할 예정이다. 높은 하중의 전투물자 수송과 부상자 후송 등 전투지원 능력이 우수하고 1회 충전

한화디펜스의 지능형 다목적 무인차량

현대로템의 디펜스 드론

으로 약 100km를 주행할 수 있다. 통신 두절 시에는 1분간 스스로 통신 재연결을 시도한 후 복구되지 않으면 최초 출발점으로 돌아오는 스마트 자율복귀 기능도 갖춘 것이 특징이다.

현대로템은 원격조종 및 자율주행이 가능한 무인차량에 감시정찰 무인기를 탑재하였다. 다목적 무인차량으로 디펜스 드론(Defense Drone) 모델을 제시했다. 모델에는 상부에 원격통제형 중기관총과 연막탄 발사기, 그리고 쿼드롭터형 무인기가 탑재되어 있다.

★★★★★

25

센서

SMART LOGISTICS

기술소개

센서란 온도, 광, 압력, 습도 등의 물리, 화학적 요소들을 감지하여 신호(주로 전기신호)로 바꾸어 주는 소자나 장치를 지칭한다. 센서는 크게 물리센서와 화학센서로 나눌 수 있다.

물리센서는 빛, 전기, 자기, 열, 역학 등의 물리량을 계측한다. 빛의 강도, 온도, 변위 등의 물리량을 에너지로 변환하고 최종적으로 전기신호로 바꾼다. 물리센서는 광센서, 자기센서, 온도(열)센서로 구분

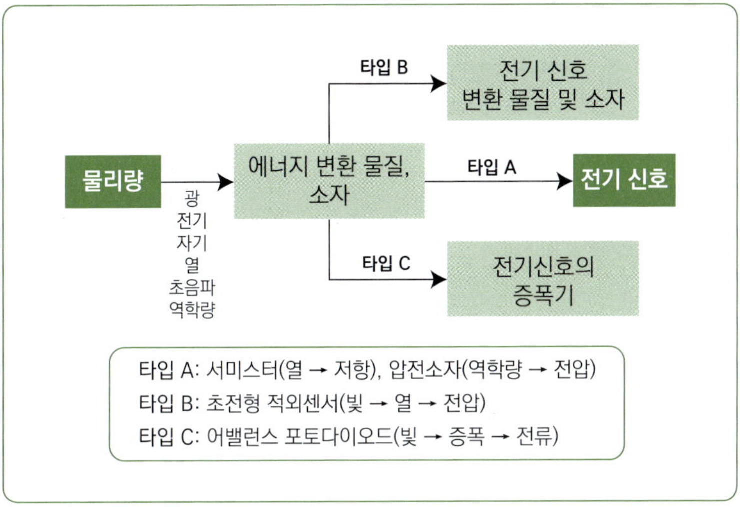

물리 센서의 구조

된다. 광센서는 빛의 양, 물체의 모양이나 상태와 움직임을 감지한다. 자기센서는 자기장, 자력의 크기와 방향을 감지한다. 온도(열)센서는 열을 감지하는 센서로 접촉식과 비접촉식이 있다. 접촉식은 측정 대상물체와 센서가 직접 접촉되어야 하고, 비접촉식은 방사되는 열을 측정한다.[1]

화학센서는 기체나 액체들에 포함된 화학성분을 계측한다. 복잡한 화합물이나 다양한 화학물질들을 감지해야 하므로 감응물질과의

1 IT-SOC Association (2006), Guide to Sensor-센서의 분류, No. 13, pp.40-41.

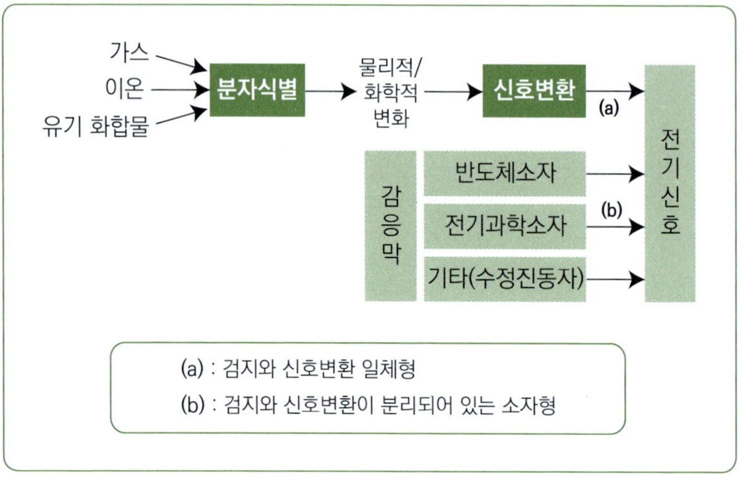

화학 센서의 구조

특이한 친화성, 흡착특성, 촉매특성 등을 활용해야 한다. 화학센서에는 가스센서(공기중의 각종 가스를 탐지하여 정량화 계측), 습도센서(대기 중의 습도를 검출), 바이오센서(생화학반응에 의한 신호를 인식 가능한 신호로 변환) 등이 포함된다.

발전과정[2]

센서는 형태와 적용기술에 따른 발전되어 왔다. 최근 연구되고 적용 중인 스마트센서는 4세대 센서이다. 1세대 센서는 1980년대 이전의 센서이다. 당시에는 센싱소자와 신호처리 회로가 분리되어 있는 형태였다. 개별센서(discrete sensor)라고도 불린다. 1980년대에서 1990년대 초반에는 센싱소자와 신호처리회로가 결합되어 통합센서(integrated

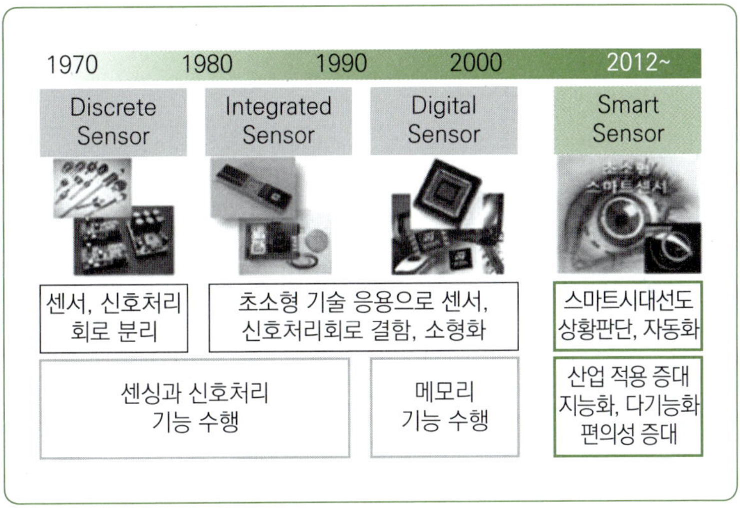

센서의 발전과정

2 송영근, 방극환, 엄기운, 윤현달 (2016), 스마트센서 기술 활용사례와 발전방향 제언. 국방과 기술, 453, pp.70-87.

sensor)가 개발되었다. 3세대 센서는 2000년대 초반의 디지털 방식의 보정기법을 이용하며 디지털 센서(digital sensor)라고 불린다. 현대는 SoC(System-on-Chip), 3D Packaging 기술 등이 다양하게 접목된 스마트센서(smart sensor)가 개발되고 있다.

스마트센서는 센서의 소형화, 지능화 및 융복합화 기술을 통한 구현이 가능하다. 생산 공정 자동화, 자동차, 우주 항공, 환경 감시, 군수 등 다양하게 적용하고 있다.

민, 군에서의 활용

군에서 센서는 지상, 해상, 공중, 우주 등 모든 범위에 활용된다. 국방과학 기술진흥 정책서나 실행계획, 민군기술협력사업 등 주요 중장기 계획에 레이더 센서, 광학센서, 항법센서, 레이저 센서, 소나센서 등을 개발할 계획이 반영되어 있으며 기술 발전에 따라 신형 센서 도입을 위해 노력 중이다.

미국 노폴크(Norfolk)에 위치한 미 해군의 지역공급국(RSO, Regional Supply Office) 담당자는 휴대용 RFID 스캐너를 이용하여 창고의 재고 데이터를 수집하고 시스템에 업로드시킨다. 미 해군의 자동데이터 수집 시스템(NADACS, Naval Autonomous Data Collection System)은 휴대용, 로봇 및 고정형 RFID 스캐너를 포함한 다양한 대상들의 정보를 수집할

자료수집 시스템을 활용한 재고 파악

수 있다. 외부와의 파일교환, 재고 데이터 비교 평가도 가능하여 수집 데이터의 별도 분석 업무 부담을 줄여준다. 프로그램은 RFID 태그를 사용하여 품목의 위치 및 수량을 추적하고 관리한다. 또 온도, 충격, 진동, 움직임, 압력 등과 같은 정보를 IoT 기술로 연결하여 장비 위치,

상태를 추적할 수 있다. 재고 비교, 재고 불규칙성 등을 분석하여 경보를 주도록 시스템이 설계되어 있다.[3]

2019년 미 육군은 자동식별기술(AIT, Automated Identification Tech)을 활용하여 군수기지에서 보급품 및 장비수령을 지원한다. AIT는 작전지역에서 탄약 공급을 할 때 탄약을 수령하고 재고를 보관하는 동안 유도미사일이나 대형로켓과 같은 품목에 휴대용 바코드 판독기를 사용하여 일련번호(serial number)를 처리한다. AIT가 인식한 바코드 데이터들은 종합되어 국가수준의 탄약관리가 수행되고, 탄약수령, 저장, 측량 등의 시스템과도 연동된다.[4]

AIT를 이용한 미 육군의 탄약관리 현장

3 NAVSUP Applies Tech to Accelerate Inventory Management, 07 July 2021, From Russell Stewart, NAVSUP Public Affairs.

4 Michael K. Lima (2019), Automatic identification technology improves speed and accuracy, 10th Support Group.

ISHM을 이용한 항공기 상태 평가

미 공군은 항공기 통합 관리시스템(ISHM, Integrated Systems Health Management)을 도입하여 항공기의 각종 센서로부터 데이터를 수집하고 장비상태에 대한 실시간 정보를 정비소로 다시 전송한다. ISHM은 안전한 임무지원뿐만 아니라 비용 및 항공기 가용성 측면에서도 이점을 제공한다. 항공기의 상태를 지속적으로 모니터링하므로 부품재고를 조기에 확보하여 유지보수 준비를 할 수 있다.[5] 한국 공군에서 운

5 Holly Jordan (2008), System helps determine 'health' of Air Force aircraft, Air Vehicles Directorate.

용하는 F-16, T-50, FA-50, F-35 항공기나 유럽 에어버스사 항공기 등의 항공분야에서는 이와 유사한 상태기반정비(CBM, Condition Based Maintenance) 시스템들을 대부분 운용 중이다.

2021년 11월에 미 육군협회(AUSA: Association of The United States Army)가 주관하는 지상군 방산전시회인 AUSA 2021 Annual Meeting & Exposition에 로봇 전투군견이 등장했다. 특수목적 무인소총 SPUR(Special Purpose Unmanned Rifle)는 낮은 반동과 정밀 사격 능력을 기반으로 사족보행 무인 플랫폼에 무장 운용 능력을 부여하였다. SPUR는 고성능 광학장비와 센서를 활용하여 주야간 관계없이 표적

특수 목적 무인 소총(SPUR)

을 식별하고 공격할 수 있으며 6.5mm 신형 탄환을 사용해 1,200m 거리의 표적을 명중시킬 수 있는 것으로 알려졌다. 필요에 따라 7.62mm NATO 표준 탄환으로 부품 교환이 가능하다.

SPUR는 장전, 조준, 발사, 탄피배출의 과정을 완전 자동으로 수행하며 필요시 불발탄 제거 및 자가정비 기능도 갖추고 있다. 이중 보안 및 자동안전장치가 설치되어 적군의 전파교란, 운영시스템 침투 및 통제권 강탈 등의 사이버 방어능력도 갖추고 있다.

육군 탄약창 운영 및 관리는 지역이 넓어 경계관리가 어렵다. 2022년부터 센서를 활용하여 탄약고, 울타리, 위병소 등의 경계, 관리

육군 탄약 관리실태 점검

정보를 수집하고 지휘통제실에서 유, 무인 원격조치를 하는 개념으로 시범사업이 시작된다. 동시에 인공지능, 빅데이터 기술 등을 활용해 전군이 보유한 탄약 자산을 가시화하는 탄약관리체계 구축도 추진된다.

에필로그
Epilogue

에필로그

군은 여러 해 동안 군수 혁신을 외치면서 군수 발전만을 계획한다. 혁신과 발전은 다른 개념으로 이해해야 한다. 혁신을 빠르게 일어나는 큰 변화라고 본다면 발전은 점진적으로 일어나는 작은 변화들이라고 할 수 있을 것이다. 현재 군에서 도입하고자 하는 4차 산업혁명 기술들은 이미 사회적으로 혁신을 이루어낸 기술들이다. 혁신 기술을 도입하면서 걱정에 앞서 점진적인 발전을 추진한다면 군과 사회의 격차는 점점 커질 수밖에 없을 것이다.

해군의 스마트 네이비가 추진하고 있는 상태기반정비에서 시작하여 미래의 전장과 군수를 상상해보자. 상태기반정비는 단지 함정의 상태를 모니터링하는데 그치지 않는다. 실시간으로 함정 장비들의 상태를 진단하여 고장 시기를 예측한다. 예측 결과에 따라 적정 정비 시기가 결정된다. 군에서는 일정한 주기마다 수행하는 계획정비 정책을 더 이상 유지할 수 없게 된다. 즉 상태기반정비를 도입하면 해군 함정의 정비 주기가 유동적으로 계속 변하게 되며, 작전에 투입할 수 있는 함정의 수가 계속 변하게 된다는 의미가 된다. 작전 중 발생하는 수많은 변수에 의해 적정 정비 시기가 계속 변하기 때문에 장기간의 작전 계획을 인간의 능력으로 수립하는데 한계가 생길 수 있다.

예상되는 작전 일자에 가용한 함정을 예측하기 위해서는 다시 컴퓨터의 능력이 필요하게 된다. 작전의 목표 달성을 위해 고려해야 할 많은 변수들과 준비사항을 계산하기 위해 인공지능 기반의 컴퓨팅 능력이 필요하게 된다. 군의 수많은 변수들과 상황들을 모두 고려하여 최적의 작전을 수립하기 위해서는 빅데이터를 통제할 수 있어야 한다. 수많은 변수들을 학습하기 위해 머신러닝이 필수적이며 복잡도 높은 연산의 빠른 수행을 위해 양자 컴퓨팅 수준의 초 고성능이 요구된다.

최적화된 작전 계획이 수립되어도 전장 상황을 고려하여 계속 작전 계획이 수정된다. 모든 전장 환경이 가시화되고, 작전 수행 주체들이 IoT로 연결되어 실시간적으로 작전 지시를 받는다. 작전 수행 주체들은 계속 변하는 작전 계획 때문에 전체적인 전쟁 수행 계획을 모두 인지하기 힘들 수 있다. 즉 작전 수행 주체들은 각자의 위치에서 실시간으로 주어지는 임무만을 계속 수행할 뿐이다. 작전 본부에서는 컴퓨터에 의해 계속 갱신되는 작전 계획을 확인하고 승인, 판단, 대안 선택을 하는 것으로 빠른 의사결정을 수행하게 될 것이다. 작전 계획 또한 전체 계획을 모두 확인할 수 없다. 인사, 군수, 정보 등의 각 분야 참모들은 본인이 맡은 부분에 대한 수정된 계획만을 확인하고 빠르게 판단해야 한다. 단 한 명의 참모라도 불가 판단을 한다면 인공지능은 불가 사유를 분석하고 차선책을 만들어낸다. 모든 참모들이 작전 계획을 승인하는 순간 모든 작전 수행 주체들은 수정된 임무를 할당 받게 된다.

수정된 작전 계획에 의해 전장 지휘관은 나노 기술이 적용된 초소형 정찰 드론을 활용하여 작전 구역을 탐색한다. 전장 탐지 로봇들은 병사들이 이동할 동선으로 자동 투입되어 지뢰와 같은 이동 제한 요소들을 탐지하고 제거한다. 그 뒤로는 무인 전차나 로봇들이 전투 수행을 위해 이동한다. 해상의 함정들은 원거리에 접근하는 적을 센서로 탐지하고 요격을 준비한다. 잠수함들은 작전 계획에 따라 수중 드론을 활용해 적의 해상 동선을 통제한다.

작전 수행과 관련된 모든 정보는 클라우드 컴퓨팅을 통해 각 분야에 전달된다. 모든 정보는 블록체인 기반으로 암호화되고 잦은 간격으로 암호가 변하여 해킹이 어렵다. 보급 창고에서는 로봇들이 소모한 지뢰나 탄약을 보급하기 위해 창고 로봇들은 재고를 불출하고 적정 보급 시기를 판단한다. 보급과 동시에 재고 보충 계획이 집행된다. 재고 확보를 위해 무인 자율주행 차량은 해당 품목 생산 공장으로 이동하고 있다. 생산 공장에서는 이미 물품 생산에 필요한 원자재 확보를 위해 국내외 기업들과 이미 접촉 중이다.

위와 같은 복잡 다변하는 전장 상황에 적응하기 위해 평시에는 디지털 트윈을 활용해 컴퓨팅 시뮬레이션을 수행하고, 가상, 증강현실을 활용하여 작전 요원들의 훈련을 수행한다. 정비부대에서는 증강현실을 활용하여 실제와 동일한 고장 상황에 대한 대비가 가능해진다. 훈련 중에 발생하는 각종 변수에 따라 작전 본부의 인공지능은 지속적으로 훈련 작전 계획을 수정한다.

상태기반정비를 시작으로 그려본 미래의 모습에서 우리는 어떤 기술이 가장 우선이라고 판단하기 힘들다. 최종적으로는 모든 기술들이 도입되어야 하겠지만, 이 기술들을 점진적으로 하나씩 바꿔가면서 효과를 검토하는 방법으로는 혁신이 이루어지기 힘들다. 4차 산업혁명의 키워드 중에는 '초연결'이라는 개념이 있다. 미래에는 전장과 군수가 하나로 연결된다. 전통적인 기술 도입과 발전 방법으로는 혁신을 이룰 수 없다. 혁신을 통해 초연결된 기술들은 파급효과를 통해 지금 우리가 상상도 하지 못한 추가적인 성과를 이루어 낼지도 모른다. 세계적인 베스트 셀러 작가 사피 바칼(Safi Bhacall)은 그의 저서 '룬샷(Loonshot)'에서 "신념에 도전하면서 정반대 쪽에 투자하는 일이 룬샷이 되곤 한다"고 하였다. 룬샷은 당시에는 정신나간 말이라고 평가될 만한 제안이었지만 전쟁, 의학 등의 판을 바꾸게된 아이디어를 의미하는 말이다. 기존의 점진적 발전과는 전혀 다른 동시적 혁신이 우리 군의 미래를 바꾸게 될지도 모른다.